8° Te 14
65

mq. p. 94-98   Demande Prêt 28.8.77

DE LA

SUGGESTION

DANS L'ÉTAT HYPNOTIQUE

ET DANS L'ÉTAT DE VEILLE

PAR

Le Dr **BERNHEIM**

PROFESSEUR A LA FACULTÉ DE MÉDECINE DE NANCY

PARIS

OCTAVE DOIN, ÉDITEUR

8, PLACE DE L'ODÉON, 8

—

1884

DE
LA SUGGESTION

DANS L'ÉTAT HYPNOTIQUE

ET DANS L'ÉTAT DE VEILLE

AVANT-PROPOS

C'est à M. Liébeault, docteur en médecine à Nancy, que je dois la connaissance de la méthode que j'emploie pour provoquer le sommeil et certains effets thérapeutiques incontestables. Depuis plus de 20 ans, ce confrère, bravant le ridicule et le discrédit attachés aux pratiques de ce qu'on appelle le magnétisme animal, poursuit ses recherches et se voue avec désintéressement au traitement des maladies par le sommeil.

L'idée de la suggestion, émise par Faria, a été mieux appliquée par Braid ; M. Liébeault, perfectionnant la méthode, la ramenant à sa plus simple expression, a montré après Braid que la très grande majorité des sujets sont susceptibles d'être influencés ; et quelques-uns ressentent les effets bienfaisants de l'état psychique ainsi obtenu. Les premières recherches du médecin de Nancy sont consignées dans un volume intitulé : *Du Sommeil et des états analogues considérés surtout au point de vue de l'action du moral sur le physique.* Paris, 1866.

Les assertions de M. Liébeault ne trouvèrent que des incrédules. Ses pratiques parurent tellement empreintes d'étrangeté, pour ne pas dire de naïveté, que les médecins les rejetèrent sans plus ample examen. M. Liébeault vécut à l'écart, en dehors du monde médical, tout entier à ses malades (presque tous des classes pauvres) et à ses convictions.

Il y a deux ans, M. Dumont, chef des travaux physiques de la Faculté de médecine, ayant suivi les consultations de M. Liébeault, fut convaincu de la réalité des phénomènes observés ; il expérimenta avec succès à l'asile de Maréville et eut le bonheur de faire disparaître chez une hystéro-épileptique une contracture de la jambe droite datant de 3 ans et des attaques d'hystéro-épilepsie se répétant 5 ou 6 fois par jour.

A ma demande, il présenta le 10 mai 1882, à la Société de médecine de Nancy, 4 sujets sur lesquels il produisit un certain nombre d'expériences qui frappèrent vivement les membres de la Société.

J'ai moi-même expérimenté depuis cette époque, avec un grand scepticisme, je l'avoue, au début ; et après quelques tâtonnements et hésitations, je n'ai pas tardé à constater des résultats certains, frappants, qui m'imposent le devoir de ne pas garder le silence.

Dans ce mémoire, j'exposerai d'abord la méthode employée pour provoquer l'hypnotisme et les diverses manifestations qu'on peut déterminer chez les sujets hypnotisés.

Ensuite, je ferai un court aperçu historique de la question ; j'examinerai les vues théoriques émises à ce sujet et j'exposerai mes opinions personnelles sur le mécanisme psychologique des phénomènes.

Enfin, j'examinerai d'une façon générale les applications de la doctrine de la suggestion à la psychologie, à la médecine légale, à la thérapeutique.

CHAPITRE Iᵉʳ.

Procédé pour obtenir l'hypnotisme par suggestion. — Nombre de personnes hypnotisables. — Des différents degrés d'hypnotisme. — Du réveil.

Voici comment je procède pour obtenir l'hypnotisme.

Je commence par dire au malade, que je crois devoir avec utilité soumettre à ce traitement, qu'il est possible de le guérir ou de le soulager par le sommeil ; qu'il ne s'agit d'aucune pratique nuisible ou extraordinaire ; que c'est un *simple sommeil* qu'on peut provoquer chez tout le monde, sommeil calme, bienfaisant, qui rétablit l'équilibre du système nerveux, etc.; au besoin, je fais dormir devant lui un ou deux sujets pour lui montrer que ce sommeil n'a rien de pénible, ne s'accompagne d'aucune expérience; et quand j'ai éloigné ainsi de son esprit la préoccupation que fait naître l'idée du magnétisme et la crainte un peu mystique qui est attachée à cet inconnu, surtout quand il a vu des malades guéris ou améliorés à la suite de ce sommeil, il est confiant et se livre. Alors je lui dis : « Regardez-moi bien et ne songez qu'à dormir. Vous allez sentir une lourdeur dans les paupières, une fatigue dans vos yeux; vos yeux clignotent, ils vont se mouiller; la vue devient confuse; les yeux se ferment.» Quelques sujets ferment les yeux et dorment immédiatement. Chez d'autres, je répète, j'accentue davantage, j'ajoute le geste; peu importe la nature du geste. Je place deux doigts de la main droite devant les yeux de la personne et je l'invite à les fixer, ou avec les deux mains je passe plusieurs fois de haut en bas devant ses yeux; ou bien encore je l'engage à fixer mes yeux et je tâche en même temps de concentrer toute son attention sur l'idée du sommeil. Je dis : « Vos paupières se ferment, vous ne pouvez plus les ouvrir. Vous éprouvez une lourdeur dans les bras, dans les jambes; vous ne sentez plus rien, vos mains restent immobiles, vous ne voyez plus rien; le sommeil vient », et j'ajoute d'un ton un peu impérieux : « Dormez. » Souvent ce mot emporte la balance; les yeux se ferment; le malade dort.

Si le sujet ne ferme pas les yeux ou ne les garde pas fermés, je ne fais pas longtemps prolonger la fixation de ses regards sur les miens ou sur mes doigts : car il en est qui maintiennent les yeux indéfiniment écarquillés et qui, au lieu de concevoir ainsi l'idée du sommeil, n'ont que celle de fixer avec rigidité : l'occlusion des yeux réussit alors mieux. Au bout de deux ou trois minutes, tout au plus, je maintiens les paupières closes, ou bien j'étends les paupières lentement et doucement sur les globes oculaires, les fermant de plus en plus, progressivement, imitant ce qui se produit quand le sommeil vient naturellement; je finis par les maintenir closes, tout en continuant la suggestion : « Vos paupières sont collées, vous ne pouvez plus les ouvrir; le besoin de dormir devient de plus en plus profond; vous ne pouvez plus résister. » Je baisse graduellement la voix, je répète l'injonction : « Dormez », et il est rare que plus de quatre ou cinq minutes se passent, sans que le sommeil soit obtenu. C'est le *sommeil par suggestion*;

c'est l'image du sommeil que je suggère, que j'insinue dans le cerveau.

Chez quelques-uns on réussit mieux en procédant avec douceur; chez d'autres, rebelles à la *suggestion* douce, il vaut mieux brusquer, parler d'un ton d'autorité pour réprimer la tendance au rire ou la velléité de résistance involontaire que cette manœuvre peut provoquer.

Souvent, chez des personnes en apparence réfractaires, j'ai réussi en maintenant longtemps l'occlusion des yeux, imposant le silence et l'immobilité, parlant continuellement et répétant les mêmes formules : « Vous sentez de l'engourdissement, de la torpeur; les bras et les jambes sont immobiles; voici de la chaleur dans les paupières; le système nerveux se calme; vous n'avez plus de volonté, vos yeux restent fermés; le sommeil vient, etc. » Au bout de 8 à 10 minutes de cette suggestion auditive prolongée, je retire mes doigts, les yeux restent clos; je lève les bras, ils restent en l'air : c'est le sommeil cataleptique.

Beaucoup de sujets déjà à la première séance sont impressionnés; d'autres seulement à la seconde ou à la troisième. Après une ou deux hypnotisations, l'influence devient rapide. Il suffit presque de les regarder, d'étendre les doigts devant leurs yeux, de dire : « Dormez », pour que, en quelques secondes, instantanément même, les yeux se ferment et tous les phénomènes du sommeil sont là. D'autres n'acquièrent qu'au bout d'un certain nombre de séances, en général peu nombreuses, l'aptitude à dormir vite.

Il m'arrive souvent d'endormir successivement sept ou huit malades, chacun en un rien de temps; ils tombent, pour ainsi dire, comme des mouches. Puis viennent aussi d'autres réfractaires, ou plus difficiles à endormir. Je n'insiste que quelques minutes; une seconde ou une troisième séance amène souvent le sommeil non obtenu à la première.

Il ne faudrait pas croire que les sujets ainsi impressionnés soient tous des névropathes, des cerveaux faibles, des hystériques; la plupart de mes observations se rapportent à des hommes que j'ai choisis à dessein pour répondre à cette objection. Sans doute, l'impressionnabilité est variable; les gens du peuple, les cerveaux dociles, les anciens militaires, les artisans, les sujets habitués à l'obéissance passive, m'ont paru, ainsi qu'à M. Liébeault, plus aptes à recevoir la suggestion que les cerveaux raffinés, préoccupés, qui opposent une certaine résistance morale, souvent inconsciente. Les aliénés, les mélancoliques, les hypocondriaques sont souvent difficiles ou impossibles à endormir; il faut que la volonté morale de dormir soit là; il faut que le sujet *se laisse aller, sans résistance cérébrale, aux injonctions de l'endormeur;* et, je le répète, l'expérience montre que la très grande majorité des personnes y arrivent facilement.

Le tableau suivant, communiqué à M. Dumont par M. Liébeault, donne une idée de la proportion dans laquelle un nombre relativement considérable de *sujets de tout âge, de tout sexe et de tout tempérament* se sont trouvés répartis dans les différentes catégories du sommeil.

Année 1880. Sur 1,011 personnes soumises à l'hypnotisation.

Réfractaires	27	Sommeil très profond	232
Somnolence, pesanteur	33	Somnambulisme léger	31
Sommeil léger	100	Somnambulisme profond	131
Sommeil profond	460		

Sans doute, il faut tenir compte de ce fait que M. Liébeault opère surtout sur des gens du peuple qui viennent chez lui pour être endormis, qui, convaincus de sa puissance *magnétique,* offrent une docilité cérébrale plus grande. Peut-être le nombre des personnes influencées serait-il moindre, sans ces conditions favorables et prédisposantes; cependant, j'ai pu m'assurer par mes recherches que les sujets réfractaires constituent la grande minorité; et il m'arrive souvent de produire l'hypnotisme dès la première séance sur des malades qui viennent dans mon cabinet, et n'ont aucune idée de ce qu'est le sommeil hypnotique.

Le degré du sommeil provoqué, ainsi que cela résulte du tableau précédent, varie suivant les sujets.

Quelques-uns n'éprouvent qu'un *engourdissement* plus ou moins prononcé, de la pesanteur des paupières, de la somnolence; c'est le plus petit nombre. C'est le premier degré de M. Liébeault. Cette somnolence peut disparaître aussitôt que l'opérateur cesse d'influencer; ou bien elle se prolonge pendant quelques minutes, ou plus longtemps, pendant une heure chez une de mes malades. Les sujets restent souvent inertes; d'autres exécutent quelques mouvements, changent de position, se retournent, mais continuent à rester somnolents. A l'une des séances suivantes, ce sommeil peut passer à l'un des degrés plus avancés; d'autres fois, au contraire, comme chez cette malade où je ne pus obtenir cette somnolence qu'après une dizaine d'essais infructueux, on ne peut aller au delà. Chez elle, j'ai établi la somnolence durant une demi-heure à une heure, plus de cent fois, mais rien autre chose.

Certaines personnes n'ont pas de somnolence à proprement parler, mais elles gardent les paupières closes et ne peuvent les ouvrir; elles parlent, répondent aux questions, disent qu'elles ne dorment pas. Mais je leur dis : « Vous ne pouvez pas ouvrir les yeux »; elles font des efforts infructueux pour les ouvrir, les paupières seules sont cataleptisées. Il m'a paru, je ne puis cependant l'affirmer, que cette forme d'hypnotisme est plus fréquente chez les femmes que chez les hommes. Une d'elles faisait des efforts inouïs pour séparer les paupières; elle riait, parlait avec volubilité; je lui répétais : « Essayez de les ouvrir »; elle y mettait toute sa force de volonté sans y réussir jusqu'à ce que je fis cesser le charme en disant : « Vous pouvez les ouvrir. »

J'appelle cela encore une variété du premier degré.

A un second degré, les sujets gardent les paupières closes, leurs membres sont en résolution; ils entendent tout ce qu'on leur dit, tout ce qui se dit autour d'eux. Mais ils restent assujettis à la volonté de l'endormeur; leur cerveau est dans cet état que les magnétiseurs appellent *hypotaxie* ou *charme*.

Ce degré est caractérisé par la *catalepsie suggestive* : je lève un bras en l'air et je l'y maintiens quelques secondes; il continue à rester dans la situation où je l'ai mis. Chez quelques-uns, et alors le sommeil est intermédiaire entre le premier et le second degré, il ne retombe qu'avec une certaine hésitation. Je lève les deux bras, les deux jambes; je les maintiens quelque temps en l'air; s'ils n'y restent pas, je dis au sujet : « Vos bras restent en l'air, vos jambes restent en l'air »; alors il les maintient tantôt flexibles, faciles à abaisser, tantôt rigides et difficiles à déprimer. Le cerveau réalise la suggestion avec plus ou moins de contraction ou de contracture. Je ferme la main du sujet et je dis : « Vous ne pouvez plus l'ouvrir »; la main reste fléchie en contracture.

A leur réveil, quelques-uns se figurent qu'ils n'ont pas dormi parce qu'ils ont tout entendu; on peut leur persuader à eux-mêmes qu'ils ont simulé; mais en répétant l'expérience, la catalepsie suggestive reparaît. Si ce n'est pas un sommeil, c'est au moins un état psychique spécial qui diminue la force de résistance cérébrale, qui rend le cerveau docile à la suggestion.

Dans un troisième degré, l'engourdissement paraît plus prononcé, la sensibilité tactile peut être émoussée ou éteinte ; outre la catalepsie suggestive, les sujets sont susceptibles de mouvements automatiques. Je tourne les deux bras, l'un autour de l'autre ; je dis : « Vous ne pouvez plus arrêter. » Les bras continuent à tourner indéfiniment. Le sujet entend tout ce qui se dit autour de lui.

Le quatrième degré est caractérisé, outre les phénomènes précédents, par la perte de relations avec le monde extérieur. Le sujet entend ce que dit l'opérateur, il n'entend pas ce que disent les autres personnes, ce qui se dit autour de lui : ses sens ne sont en communication qu'avec l'endormeur.

Les cinquième et sixième degrés, caractérisés, pour M. Liébeault, par l'oubli au réveil de tout ce qui s'est passé pendant le sommeil, constituent le somnambulisme. Le cinquième degré est le somnambulisme léger : les sujets se rappellent encore vaguement, ils ont entendu confusément à de certains moments ; on peut réveiller le souvenir de certains faits. Anéantissement de la sensibilité, catalepsie suggestive, mouvements automatiques, hallucinations par suggestion ; c'est alors que tous ces phénomènes dont nous allons parler plus en détail atteignent leur plus grande expression.

Dans le somnambulisme profond ou sixième degré, le souvenir de tout ce qui s'est passé pendant le sommeil est absolument éteint et ne peut être réveillé. Le sujet reste endormi à la volonté de l'opérateur et devient un automate parfait, docile à tous ses ordres.

Cette division du sommeil en plusieurs degrés est purement théorique ; elle permet de classer chaque sujet influencé sans grande description. Il existe des variantes, des intermédiaires entre ces divers degrés ; on observe toutes les transitions possibles, depuis la simple torpeur et le sommeil douteux jusqu'au somnambulisme le plus profond.

J'ajoute que la docilité aux suggestions et la facilité de provoquer les divers phénomènes ne sont pas toujours en rapport avec la profondeur du sommeil. Certains sujets dorment peu, répondent aux questions, se rappellent tout à leur réveil, et cependant la contracture, l'insensibilité, les mouvements automatiques commandés ou communiqués, les suggestions thérapeutiques réussissent bien chez eux. Cela deviendra facile à concevoir quand j'aurai parlé de la suggestion à l'état de veille.

D'autres, au contraire, tombent dans un sommeil lourd, profond, ne se rappellent absolument rien à leur réveil. Pendant qu'ils dorment, on a beau les interroger, les harceler de questions, ils restent inertes. La catalepsie suggestive s'obtient difficilement chez eux ; ils ne gardent que peu de temps les bras en l'air. Les suggestions, actes, illusions, hallucinations pour le réveil ne sont pas réalisés ; on dirait qu'ils ne sont pas en rapport avec l'opérateur. Et cependant il suffit de prononcer le mot : « Réveillez-vous », pour qu'ils se réveillent spontanément ; preuve évidente que ce rapport existe. J'ai obtenu chez un homme dont le sommeil était celui que je viens de décrire, en apparence inerte pendant son sommeil, des effets thérapeutiques immédiats par la suggestion auditive : retour de sensibilité, disparition de douleur, accroissement de la force musculaire mesurée au dynamomètre, preuve que, malgré son inertie apparente, il était resté pendant son sommeil en rapport avec moi.

Chaque dormeur a pour ainsi dire son individualité propre, sa manière d'être spéciale. Je veux simplement établir pour le moment que la facilité des phénomènes suggestifs provoqués n'est pas toujours proportionnelle à la profondeur du sommeil.

Le réveil peut être spontané. Les sujets qui dorment légèrement à leur première séance, ont parfois une tendance à se réveiller rapidement ; il faut les maintenir sous le charme en tenant leurs paupières closes ou en répétant de temps en temps : « Dormez. » Bientôt l'habitude du sommeil est acquise par l'organisme ; l'hypnotisé ne se réveille plus, tant que l'hypnotiseur est à ses côtés ; quelques-uns se réveillent, aussitôt qu'ils ne sentent plus cette influence. La plupart, abandonnés à eux-mêmes, continuent à dormir pendant plusieurs minutes, une demi-heure, une ou plusieurs heures ; j'ai laissé une de mes malades dormir pendant 15 heures, un autre pendant 18 heures.

Pour obtenir le réveil immédiat, je procède par suggestion vocale, comme pour obtenir le sommeil. Je dis : « C'est fini, réveillez-vous. » Et ce mot prononcé même à voix basse suffit chez les sujets déjà plusieurs fois hypnotisés à obtenir un réveil immédiat. Chez quelques-uns, il faut répéter l'injonction : « Vos yeux s'ouvrent, vous êtes réveillé. » Si cela ne suffit pas, l'action de souffler une ou plusieurs fois sur les yeux provoque le réveil ; jamais je n'ai dû recourir à d'autres procédés, tels que les aspersions d'eau froide ; le réveil a toujours été on ne peut plus facile.

Rien de plus étrange parfois que ce réveil. Voici un sujet en sommeil profond; je l'interroge, il me répond; s'il est causeur de sa nature, il pourra parler avec volubilité. Au milieu de sa conversation, je dis brusquement : « Réveillez-vous. » Il ouvre les yeux et n'a aucun souvenir de ce qui s'est passé; il ne se rappelle pas m'avoir parlé, lui qui a parlé un dixième de seconde peut-être avant de se réveiller. Pour rendre le phénomène plus frappant, je le réveille parfois ainsi : « Comptez jusqu'à 10; quand vous direz à haute voix 10, vous serez réveillé. » Au moment où il dit 10, ses yeux s'ouvrent; il ne se rappelle pas avoir compté. D'autres fois, je lui dis : « Vous allez compter jusqu'à 10; quand vous serez à 6, vous serez réveillé, mais vous continuerez jusqu'à 10. » Arrivé au chiffre 6, il ouvre les yeux et continue. Quand il a fini, je lui demande : « Pourquoi comptez-vous? » Il ne se rappelle plus avoir compté. J'ai répété maintes fois cette expérience sur des personnes très intelligentes.

Chez certaines hystériques, il faut procéder avec prudence, éviter de toucher les points douloureux, de provoquer les zones hystérogènes; car alors une crise hystérique peut être produite, le sommeil hypnotique peut faire place au sommeil hystérique et l'opérateur n'être plus en relation avec le sujet. Alors la suggestion reste sans influence.

A leur réveil, quelques personnes continuent à rester somnolentes; il suffit de passer plusieurs fois les mains transversalement, de manière à agiter l'air au-devant de leurs yeux, pour dissiper cet engourdissement. D'autres se plaignent de lourdeur dans la tête, de céphalalgie obtuse, de vertiges; pour prévenir ces sensations diverses, je dis au sujet avant de le réveiller : « Vous allez vous réveiller et vous serez très à votre aise; vous n'avez aucune lourdeur de tête, vous vous sentez tout à fait bien », et le réveil suggestif s'obtient sans aucune sensation désagréable.

CHAPITRE II.

J'aborde maintenant l'étude rapide des phénomènes qui se manifestent ou que l'on peut provoquer dans le *sommeil hypnotique.* Tantôt les yeux se ferment brusquement, sans préambule, le sujet tombe comme une masse; tantôt le sommeil vient progressivement : les paupières deviennent lourdes, clignotent, la vue se brouille, les yeux s'humectent, s'ouvrent et se ferment alternativement, puis enfin se ferment définitivement. Les paupières fermées *restent immobiles chez quelques-uns;* chez d'autres, elles sont, pendant toute la durée de l'hypnose, agitées d'un frémissement vibratoire. Les globes oculaires conservent leur position normale dans le sommeil léger; lorsque celui-ci est profond, ils sont souvent, mais pas toujours, convulsés en haut, les pupilles cachées sous la paupière supérieure.

Quelques sujets nerveux ont, pendant le sommeil, des secousses musculaires dans les membres, des mouvements fibrillaires dans la face; la plupart sont inertes ou le deviennent par suggestion. Quelques-uns exécutent des mouvements réflexes, se grattent, par exemple, remuent les mains, changent de position; d'autres au contraire restent *sans mouvement.*

La sensibilité, dans ses divers modes, est plus ou moins modifiée. Dans le sommeil léger, elle est conservée ; un chatouillement, une piqûre d'épingle, l'attouchement d'une région douloureuse, déterminent des réflexes et provoquent le réveil.

Dans le sommeil profond, la sensibilité est atténuée ou totalement anéantie; d'après M. Liébeault, elle commence à disparaître aux extrémités et c'est toujours la périphérie du corps qui est le plus anesthésiée. « En poussant l'examen plus avant sur les organes des sensations, on s'aperçoit que ce sont les deux sens fermés, la vue et le goût, qui deviennent obtus les premiers, vient ensuite l'odorat; l'ouïe et le tact s'amortissent en dernier lieu. » Quand on emploie les procédés des hypnotiseurs (fixation d'un objet, doigts ou yeux de l'opérateur), les yeux sont les sens qui perdent leur propriété après tous les autres, parce que, par l'attention à laquelle les endormeurs les condamnent, ces organes sont forcés de veiller les derniers.

L'anesthésie est-elle complète, on peut traverser la peau de. part en part avec une épingle, on l'électrise, on enfonce des corps étrangers dans les narines, on les expose aux émanations d'ammoniaque, les sujets ne sourcillent pas. Cette anesthésie totale peut se développer spontanément par le fait seul de l'hypnose.

Chez d'autres sujets, elle n'existe pas spontanément, mais on peut la développer plus ou moins complètement par suggestion. Voici un sujet hypnotisé : je le pique avec une épingle, il réagit vivement; je débouche un flacon d'ammoniaque devant son nez, il contracte ses narines et manifeste l'impression perçue. Alors, je lui dis : « Vous ne sentez plus rien; tout votre corps est insensible; je vous pique, vous ne le sentez pas; je mets de l'ammoniaque devant votre nez, vous ne percevez absolument rien. » Chez beaucoup, l'anesthésie survient ainsi *par suggestion*. Quelquefois, l'anesthésie cutanée s'obtient seule à un certain degré; les muqueuses olfactive et oculaire restent réfractaires à la suggestion.

Si donc chez un certain nombre de sujets, l'insensibilité hypnotique est assez parfaite pour permettre les opérations chirurgicales les plus laborieuses, chez la plupart il n'en est point ainsi. L'hypnotisme ne peut être érigé en méthode générale d'anesthésie chirurgicale ; il ne peut remplacer le chloroforme. Ajoutons que les préoccupations anxieuses qui obsèdent l'esprit des malades au moment d'une opération empêchent souvent la concentration psychique nécessaire au développement de l'état hypnotique.

Les altérations de la motilité sont plus fréquentes et plus faciles à obtenir que celles de la sensibilité. Tous les hypnotisés, sauf ceux du premier degré, sont susceptibles de la *catalepsie suggestive* : je dis suggestive, car dans le procédé que nous employons, la catalepsie n'est jamais spontanée et primitive : les sujets dorment en résolution. S'il est hypnotisé pour la première fois et que je lève rapidement son bras en l'air sans le maintenir, il retombe inerte. Si, au contraire, l'ayant soulevé, je le laisse quelque temps en l'air, il peut rester passivement dans la position dans laquelle je l'ai placé, ou du moins, il retombe lentement, avec hésitation. S'il ne se maintient pas, je dis : « Votre bras reste en l'air, vous ne pouvez plus le baisser. » Il reste alors fixé, chez les uns facile à déprimer, retombant à la moindre pression exercée sur lui ; chez les autres, contracturé et ne se déprimant que par une pression plus ou moins forte. Je lève les deux bras, je lève une jambe ou les deux, je leur donne les attitudes les plus bizarres ; ils y restent tantôt fixés en contracture dans l'attitude imprimée aussi long-temps que l'hypnotisme persiste, tantôt retombant lentement, gra-duellement, au bout de quelques minutes, un quart d'heure, une demi-heure ou plus encore.

Je prends un pouce de l'hypnotisé, je l'applique contre son nez ; je mets le pouce de l'autre main contre le petit doigt de la pre-mière, de manière à figurer le pied de nez ; l'hypnotisé la main-tient et sa physionomie reste impassible.

Je lui ferme une main et je dis : « Vous ne pouvez plus l'ouvrir. » Elle reste contracturée, quelquefois à tel point qu'on ne peut plus l'ouvrir. Plus on insiste, plus on accentue l'injonction : « Votre main est fermée, personne ne peut plus l'ouvrir », plus le sujet la con-tracte avec force en flexion et résiste aux efforts faits pour l'ouvrir.

Si, au contraire, je l'ouvre et que je la maintienne ouverte pen-dant quelques instants, si le sujet comprend que cet acte veut dire que la main doit rester ouverte, il la contracte spontanément en extension et résiste aux efforts faits pour la fermer. On peut tétaniser les muscles de la mâchoire, produire le trismus, main-tenir les mâchoires écartées, on peut faire un torticolis, un opis-thotonos, un pleurosthotonos. Que les yeux soient ouverts ou fer-més, que l'on fasse ou non des frictions sur les muscles à contracter, le phénomène se produit par le seul effet de la sug-gestion, c'est-à-dire de l'idée du phénomène introduite par la parole ou un geste compris dans le cerveau de l'individu.

Je n'ai jamais réussi, dans l'hypnotisme obtenu par ce procédé, à provoquer, par la pression exercée sur un nerf, sans rien dire au sujet ni devant le sujet, la contraction des muscles innervés par ce nerf, par exemple la griffe cubitale ou radiale, la contorsion de la face, etc.

La production des mouvements automatiques semble exiger un degré d'hypnotisation plus profonde que celle de la catalepsie simple. Chez beaucoup, cependant, on arrive à les produire, soit à la première séance, soit à l'une des suivantes. On lève les deux bras horizontalement, on les tourne l'un autour de l'autre; le sujet *continue à les tourner spontanément*, ou après injonction; les uns tournent lentement, avec une certaine hésitation trahissant un effort infructueux pour les arrêter; les autres, dormeurs plus profonds, tournent vite, régulièrement, automatiquement. Je dis : « Faites tous vos efforts pour les arrêter. » Les uns ne peuvent faire aucun effort, les autres s'escriment inutilement, rapprochant les mains, les frottant l'une contre l'autre, incapables d'enrayer ce mouvement perpétuel irrésistible, supérieur à ce qui leur reste de volonté ou de force de résistance. Si j'arrête une des mains, l'autre peut continuer à tourner seule; si alors je lâche de nouveau la main arrêtée, ou bien elle reste en place, le sujet croyant que mon intention est de l'arrêter, ou bien, chez d'autres, la main retourne comme un ressort à côté de sa congénère et se remet à tourner de plus belle. On peut provoquer de même, mais plus rarement, le mouvement automatique des jambes. Chez les dormeurs profonds, ces mouvements automatiques ont quelquefois lieu par imitation. Je me place devant l'un d'eux : je tourne mes bras l'un autour de l'autre, le sujet les tourne comme moi. J'intervertis le sens du mouvement, il l'*intervertit* aussi. Je fais un pied de nez, il fait comme moi. Je balance une jambe, il la balance. Je frappe du pied sur le sol, il frappe aussi. Le mouvement que je fais suggère dans son cerveau l'idée du même mouvement.

Je me suis assuré que ce phénomène, que les magnétiseurs donnent volontiers comme un effet du mesmérisme, c'est-à-dire d'un fluide émanant de mon corps sous l'influence de ma volonté et agissant directement sur le magnétisé, n'est autre chose qu'un phénomène de suggestion. C'est parce que le sujet voit à travers ses paupières mal jointes ou parce qu'il entend le mouvement que je fais, qu'il l'imite. Si je fais clore ses yeux hermétiquement, les mouvements imités ne se réalisent point. Un de mes somnambules, endormi en présence de mon collègue, M. Charpentier, imitait cependant mes mouvements sans les voir, alors que je me plaçais derrière lui pour les faire. Je tournais les bras, au bout d'un certain temps il se mettait à les tourner aussi. Je remuais le pied d'une certaine façon, au bout d'un certain temps il se mettait à les remuer aussi, toutefois sans arriver à réaliser l'imitation parfaite du mouvement que je faisais. Y avait-il là quelque influence fluidique? Je me le demandais; mais nous ne tardâmes pas à nous convaincre que notre somnambule entendait le mouvement de mes bras, celui de mes pieds, et que l'idée du mouvement à imiter était transmis à son cerveau par le sens auditif, car si j'exécutais le mouvement sans bruit, de manière à éviter tout frottement de mes vêtements sur moi pendant cette opération, il restait immobile et me laissait seul me mouvementer.

Ajoutons que celui qui a été hypnotisé plusieurs fois et soumis à ces expériences, les réalise plus promptement et plus parfaitement. Souvent il suffit de lever ses deux bras horizontalement : il devine et les tourne l'un autour de l'autre ; il suffit de fermer sa main légèrement, il la contracte en fermeture avec une force irrésistible ; il maintient son bras rigide en l'air ; chez quelques-uns, la contracture est telle, qu'ils n'entrent que difficilement en résolution, lorsque l'ordre leur en est donné.

La suggestion produit la contracture ; elle produit aussi la paralysie. Je dis au sujet : « Votre bras est paralysé. » Je le soulève : il retombe inerte ; l'autre, au contraire, que je n'ai pas paralysé reste cataleptisé en l'air. Chez les uns, cette suggestion disparaît vite ; ils l'ont oubliée après quelques minutes ; chez d'autres, elle persiste longtemps. Ayant ainsi produit chez un de mes malades une paralysie d'un bras, un état cataleptiforme de l'autre bras, je remis les deux membres dans le lit. Après cette suggestion faite, je le laissai dormir pendant 40 minutes ; puis m'approchant doucement, je soulevai vite les deux bras : l'un resta en l'air, l'autre retomba. L'idée suggérée persistait dans le cerveau.

Tous ces faits et ceux que nous exposerons encore montrent que tous les phénomènes du soi-disant magnétisme animal ne sont que phénomènes de suggestion : l'hypnotisme met le cerveau du sujet dans un état tel, que l'idée suggérée à ce cerveau s'impose avec une force plus ou moins grande et détermine l'acte correspondant par une sorte d'automatisme cérébral. Je n'ai pas observé chez mes hypnotisés un seul fait qui ne puisse s'interpréter ainsi, qui appelle l'intervention d'un fluide quelconque analogue à la force de l'aimant ou de l'électricité, s'échappant de certains organismes pour réagir sur d'autres. C'est la doctrine de Braid ou braidisme, doctrine de la suggestion, qui découle de l'observation, contrairement à la doctrine de Mesmer ou mesmérisme, doctrine du fluide mesmérique ou magnétique.

Les mesméristes donnent, par exemple, à l'appui de la théorie du fluide, les faits suivants : si l'on fait au-dessus d'un membre, bras ou jambe, une passe, en touchant légèrement les parties, les muscles, disent-ils, se contractent et le membre peut être soulevé : c'est une *passe mesmérisante*. Si alors on fait la passe au-dessus du membre, sans le toucher, en agitant seulement l'air sur le membre, celui-ci retomberait : c'est une passe *démesmérisante*. — On agite l'air sur le côté de la tête, celle-ci suit la main de l'opérateur et se tourne de son côté. Fait-on la passe du côté opposé, la tête se retourne de ce côté. — Passez la main rapidement sur celle du sujet et retirez-la brusquement ; si vous répétez cela plusieurs fois, la main peut se soulever et se cataleptiser. Preuve évidente, disent les mesméristes, que la main de l'opérateur attire celle de l'opéré comme l'aimant attire le fer.

Braid a démontré qu'il ne s'agit en réalité que d'un fait de suggestion, qu'aucun fluide, aucune vertu magnétique n'intervient. « Les phénomènes se produisent en dehors de la volonté de l'opérateur, pourvu qu'il manifeste par un geste ou par un attouchement interprété par le cerveau hypnotisé une volonté qu'il peut ne pas avoir. Les mêmes passes, avec ou sans attouchement du membre, mesmérisantes ou démesmérisantes, pour employer le vocabulaire des magnétiseurs, peuvent déterminer le même phénomène, soulèvement ou abaissement de la main. *Les mouvements des sujets, provoqués par une certaine impression sensorielle, sont instinctifs et automatiques : c'est l'attitude du sujet qui commande le mouvement naturellement indiqué par cette attitude. Un muscle au repos se contracte, un muscle contracté se relâche sous l'influence de la même manœuvre. Une impression est-elle exercée sur la main ou le bras posé sur le genou, ce bras ne peut plus s'abaisser, il se soulève et devient rigide. La même impression a-t-elle lieu sur un bras maintenu en l'air, elle détermine le mouvement le plus naturel, l'abaissement du membre. Empêche-t-on l'élévation et l'abaissement du membre, la même impression provoquera des mouvements de latéralité.* »

Ajoutons que le sujet auquel on a fait répéter plusieurs fois la même expérience ou qui l'a vu faire sur d'autres, a conservé dans son souvenir les mouvements ou actes musculaires correspondant à chaque impression : il est dressé, pour ainsi dire, et répète automatiquement, par la seule réflectivité cérébro-spinale, les mêmes actes qu'il a vu exécuter ou qu'il a exécutés lui-même dans les séances précédentes.

Les sujets que l'hypnotisation influence plus profondément arrivent dans l'état connu sous le nom de somnambulisme : alors de nouveaux phénomènes se manifestent. L'automatisme est complet : l'organisme humain est devenu presque une machine docile à la volonté de l'opérateur. Je lui dis : « Levez-vous » ; il se lève ; l'un se lève très rapidement, l'autre n'obéit que lentement, la machine est paresseuse ; l'injonction a besoin d'être répétée avec autorité. Je dis : « Marchez » ; il marche. « Asseyez-vous » ; il s'assied.

Je dis : « Vous ne pouvez plus avancer, vous ne pouvez que reculer » ; il fait des efforts inutiles pour avancer, il marche à reculons.

« Vous ne pouvez plus ni avancer ni reculer » ; il reste cloué sur place, malgré tous les efforts physiques qu'il fait pour se déplacer.

« Vos jambes ne peuvent plus vous porter » ; il tombe comme paralysé.

« La jambe droite seule est paralysée » ; il traîne la jambe droite.

Je le touche avec mes deux mains étendues, et, faisant le geste de l'attirer vers moi, je me retire ; il me suit passivement partout où je vais.

Je lui ordonne de danser ; il danse et s'arrête comme figé à mon commandement.

Les sensibilités générale et sensorielles diverses peuvent être modifiées, exaltées, diminuées ou perverties à volonté. J'introduis du sel dans la bouche en disant que c'est du sucre ; quelques-uns ne reçoivent cette suggestion qu'imparfaitement, ils perçoivent encore plus ou moins de goût salé. D'autres, et ils sont nombreux, sucent le sel avec bonheur et le trouvent très sucré. Je fais boire de l'eau ou du vinaigre en guise de vin. Je fais respirer de l'ammoniaque pour de l'eau de Cologne.

Je provoque de la surdité : le sujet déclare ne plus entendre, ne répond rien, ne réagit pas aux bruits les plus assourdissants. Je le rends muet, bègue. Les illusions les plus étranges peuvent être suggérées : un crayon dans la bouche fait l'office d'un cigare dont il aspire avec délice l'arome, dont il lâche en l'air les bouffées de fumée.

Aux degrés avancés de l'hypnotisme, toutes les illusions, toutes les hallucinations se réalisent successivement avec une précision et une promptitude surprenantes.

De plus, tous les actes commandés sont exécutés : l'hypnotisé
marche et danse au commandement, montre le poing aux personnes que je lui désigne, fouille dans leur poche plus ou moins
adroitement, vole, se livre à toutes les voies de fait qui lui sont
ordonnées ; l'un agit avec une certaine hésitation, l'autre agit résolument. Je relaterai deux ou trois observations plus éloquentes
que toutes les descriptions que je pourrais faire.

Mais auparavant, je veux appeler l'attention sur un des phénomènes les plus intéressants du somnambulisme. Je veux parler de
la possibilité de créer chez un somnambule des suggestions d'actes,
d'illusions sensorielles, d'hallucinations qui se manifesteront non
pendant le sommeil, mais au réveil : le sujet a entendu ce que je
lui ai dit pendant le sommeil, mais il n'a conservé aucun souvenir
de ce que je lui ai dit; il ne sait plus que je lui ai parlé. L'idée
suggérée se présente dans son cerveau à son réveil : il a oublié
son origine et croit à sa spontanéité. Des faits de ce genre ont été
constatés par A. Bertrand, par le général Noizet, par le docteur
Liébeault, par Charles Richet. Je les ai répétés avec succès un très
grand nombre de fois chez beaucoup de dormeurs et je me suis
assuré de leur bonne foi. Voici des suggestions d'actes :

A l'un de mes malades, D...., je suggérai pendant son sommeil
qu'après son réveil il se frictionnerait la jambe et la cuisse malades, puis sortirait de son lit, irait à la fenêtre et retournerait
dans son lit, ce qu'il fit sans se douter que l'ordre lui avait été
donné pendant le sommeil.

A P...., je suggérai un jour de mettre à son réveil mon chapeau
sur sa tête, de me l'apporter dans la salle voisine et de me le mettre
sur la tête. C'est ce qu'il fit sans se rendre compte pourquoi.

Un autre jour, en présence de mon collègue, M. Charpentier,
je lui suggère, au début de son sommeil, qu'aussitôt éveillé il
prendrait le parapluie de mon collègue accroché au lit, l'ouvri-
rait et irait se promener sur la galerie attenant à la salle, dont il
ferait deux fois le tour. Je le réveille longtemps après, et avant
que ses yeux soient ouverts, nous sortons rapidement, pour ne
pas lui rappeler la suggestion par notre présence. Bientôt, nous
le voyons arriver, le parapluie à la main, non ouvert, et faire deux
fois le tour de la galerie. Je lui demande : « Que faites-vous ? »
Il répond : « Je prends l'air. — Pourquoi ? avez-vous chaud ? —
Non; c'est une idée. Je me promène parfois. — Mais, qu'est-ce que
c'est que ce parapluie? il appartient à M. Charpentier. — Tiens !

je croyais que c'était le mien, il lui ressemble. Je vais le rapporter où je l'ai pris. »

Quelquefois, le sujet cherche lui-même des raisons aux idées qu'il trouve dans son cerveau. Un jour que j'avais suggéré au même qu'il irait, dès son réveil, demander à un malade désigné dans la même salle des nouvelles de sa santé, il y fut aussitôt éveillé. Et comme je lui *demandai pourquoi il y allait, s'il s'inté-ressait* spécialement à lui : « Non, me dit-il, mais c'est une idée. » Puis, *après réflexion* : « Il ne nous a pas laissé dormir la nuit der-nière. » Il cherchait donc à s'expliquer lui-même son idée par le désir de savoir si le malade le laisserait dormir cette nuit.

Une autre fois, je lui suggérai qu'aussitôt réveillé, il se mettrait les deux pouces dans la bouche, ce qu'il fit : il rapporta ce be-soin à une sensation douloureuse de la langue due à une mor-sure qu'il s'était faite la veille dans une attaque épileptiforme.

A un pauvre garçon atteint *d'insuffisance aortique*, je suggérai qu'à son réveil, au bout de cinq minutes, il prendrait le livre placé à son chevet et lirait la page 100. Un quart d'heure après cette suggestion, je le réveille et m'éloigne. Trois minutes après, la notion exacte du temps lui faisait défaut, je le vois de loin prendre son livre et lire ; je m'approche, c'était la page 100. « Pourquoi lisez-vous cette page ? » lui dis-je. — « Je ne sais pas, répondit-il, je lis souvent au hasard. »

A Cl......, je suggère à onze heures du matin qu'à une heure de l'après-midi *il serait pris d'un désir auquel il ne pourrait résis-ter* : de longer toute la rue Stanislas dans les deux sens, deux fois de suite. A une heure, je le vois déboucher dans la rue, la lon-ger d'un bout à l'autre, puis retourner en sens contraire, s'arrê-tant comme un flâneur devant les vitrines. Mais il ne refit pas cette promenade une seconde fois, soit qu'il n'eût pas compris cette partie de l'ordre donné, soit qu'il y résistât. Une autre fois, je lui suggérai qu'à la même heure, par un itinéraire que je lui traçai, il irait place de l'Académie jusqu'au kiosque où il achè-terait un *Petit Journal*, puis rentrerait chez lui par un autre chemin. A l'heure fixée, il se rendait par l'itinéraire désigné au kiosque, achetait son *Petit Journal*, puis rentrait chez lui, mais par un autre chemin.

L'effet de la suggestion n'est pas absolument fatal : certains sujets y résistent. L'envie de commettre l'acte ordonné est plus ou moins impérieuse ; ils y résistent dans une certaine mesure.

A D....., je suggère de faire, après son réveil, trois fois le tour de la salle; il ne le fait qu'une seule fois.

Au jeune G....., je suggère qu'à son réveil il se mettra debout sur la table; réveillé, il regarde bien la table, mais n'y monte pas. L'envie de le faire existait sans doute chez lui, mais le respect pour l'assistance lui donna la force de surmonter ce désir.

A S....., je suggérai un jour qu'à son réveil il verrait derrière lui sur un meuble une cuiller en argent et qu'il la mettrait dans sa poche. Réveillé, il ne se retourna pas et ne vit pas la cuiller, mais sur la table devant lui était une montre, et comme je lui avais suggéré en outre l'hallucination négative qu'il ne verrait personne dans la salle et se trouverait tout seul, ce qui se réalisa, l'idée du vol suggéré pour la cuiller se présenta dans son cerveau pour la montre. Il la regarda, la toucha, puis dit : « Non, ce serait un vol » ; et la laissa. Si la suggestion du vol de la cuiller lui avait été répétée avec force et impérieusement commandée, je ne doute pas qu'il ne l'eût prise.

Depuis que ceci était écrit, j'ai eu occasion d'hypnotiser de nouveau S..... ; je lui ai fait la même suggestion plus impérieusement : « Vous mettrez la cuiller dans votre poche, vous ne pourrez pas faire autrement. » A son réveil, il vit la cuiller, hésita un instant, puis dit : « Ma foi, tant pis! » et la mit dans sa poche.

Une jeune fille hystérique fut présentée par M. Dumont à la Société de médecine. Pendant son sommeil, on lui ordonne d'aller après son réveil prendre le verre cylindrique qui entoure le bec de gaz situé au-dessus de la table, de le mettre dans sa poche et de l'emporter en partant. Une fois éveillée, elle se dirige timidement vers la table, semble confuse de voir tous les regards se porter sur elle, puis, après quelques hésitations, monte à genoux sur la table. Elle y reste environ deux minutes, ayant l'air toute honteuse de sa situation, regarde alternativement les personnes qui l'entourent et l'objet dont elle doit s'emparer, avance la main, puis la retire et subitement enlève le verre, le met dans sa poche et s'éloigne rapidement. Elle ne consent à restituer l'objet que lorsqu'elle est sortie de la salle.

Une autre jeune fille hystérique de mon service est susceptible, pendant son sommeil provoqué, de suggestions pour le réveil, d'illusions et d'hallucinations; elle n'exécute pas toujours les actes suggérés. Je lui dis, par exemple : « A votre réveil, vous ferez deux fois le tour de la salle, ou bien vous lirez dans ce livre de prières. » Elle se réveille, elle obéit quelquefois, mais souvent n'obéit pas à l'injonction. L'idée de l'accomplir existe bien dans son cerveau, mais par esprit de contradiction ou je ne sais quelle fausse honte, elle résiste. Je lui dis : « Je sais à quoi vous pensez, vous avez envie de lire une prière ou vous avez envie de faire le tour de la salle. » Elle paraît tout étonnée que je devine sa pensée intime et croit que je puis lire dans son intérieur.

Chose singulière! les suggestions d'actes peuvent se faire non seulement pour le temps qui suit immédiatement le sommeil, mais pour un délai ultérieur plus ou moins long. Un somnambule auquel on fait promettre pendant son sommeil qu'il reviendra tel jour, telle heure, bien qu'à son réveil il n'ait aucun souvenir de sa promesse, reviendra presque certainement le jour et l'heure désignés. A S....., j'ai fait dire qu'il reviendrait me voir au bout de treize jours, à dix heures du matin. Réveillé, il ne se souvenait de rien. Le treizième jour, à dix heures du matin, il était présent, ayant fait trois kilomètres depuis son domicile jusqu'à l'hôpital. Il avait passé la nuit à travailler aux forges, s'était couché à six heures du matin et à neuf heures se réveillait avec l'idée qu'il devait venir à l'hôpital me voir. « Cette idée, me dit-il, il ne l'avait pas eu les jours précédents, il ne savait pas qu'il devait venir; elle s'était présentée à son esprit au moment seulement où il devait l'exécuter. »

Ainsi, une suggestion peut dormir inconsciente dans le cerveau où elle a été déposée pendant le sommeil et n'éclore que le jour assigné d'avance pour son éclosion. Des recherches ultérieures sont nécessaires pour bien élucider ce curieux fait de psychologie, pour établir combien de temps une suggestion hypnotique peut ainsi, par ordre, rester latente avant d'être réalisée; il va de soi que tous les somnambules ne sont pas susceptibles de suggestions à si longue échéance.

J'ai parlé des suggestions d'actes, je passe aux suggestions sensitivo-sensorielles. Des illusions des sens et de la sensibilité peuvent être suggérées à la plupart des somnambules. Je leur dis : « A votre réveil, vous sentirez un engourdissement dans le pied, ou une crampe dans le mollet, une douleur vive dans une dent, une démangeaison dans le cuir chevelu » : ces sensations diverses se manifestent invariablement chez tous ou presque tous les dormeurs profonds. Le malade atteint d'insuffisance aortique auquel j'avais suggéré une démangeaison dans les cheveux, se gratte avec violence, ne comprenant pas où il avait attrapé pendant son sommeil toute cette vermine. Un phtisique, auquel je produisis la même sensation, prit un peigne et le passa vivement dans les cheveux d'arrière en avant pour débarrasser sa tête de poux imaginaires.

Les sensations les plus diverses peuvent être réalisées avec une vérité saisissante : la soif avec besoin de prendre trois verres d'eau coup sur coup, la faim avec besoin de manger immédiatement, le besoin d'uriner ou d'aller à la selle dès le réveil. Un tel ressent, sans savoir pourquoi, un picotement dans le nez et éternue cinq ou six fois de suite; tel autre bâille plusieurs fois par suggestion hypnotique; un autre voit pendant plusieurs minutes les objets en vert, etc.; en un mot, toutes les illusions sensorielles commandées pendant le sommeil aux dormeurs profonds se réalisent au réveil, et le sujet ne peut s'y soustraire.

L'expérience suivante, que j'ai répétée plusieurs fois, montre bien que la suggestion agit pendant le sommeil en créant l'*image sensorielle suggérée*; ce n'est pas le *mot* formulé, c'est l'*idée* contenue dans ce mot qui est retenue par le cerveau. A un homme très intelligent et nullement nerveux, d'une position sociale élevée, je dis, après l'avoir endormi : « A votre réveil, vous sentirez une odeur très forte d'eau de Cologne; j'en verse un flacon sur vos habits. » Quand je l'eus réveillé, il renifla plusieurs fois et me dit : « Je sens une odeur chez vous. » — « Quelle odeur? lui dis-je; je ne sens rien, j'ai le rhume de cerveau. » — « C'est comme du vinaigre, dit-il; est-ce que vous n'auriez pas versé un flacon de vinaigre dans le feu? » Je lui réponds : « Non! Il n'y a pas d'odeur; c'est une suggestion que je vous ai faite pendant votre sommeil. Mais ce n'est pas du vinaigre. Cherchez bien ce que c'est. » « Je serais embarrassé de le dire. C'est comme du vinaigre. » — « C'est de l'eau de Cologne. » — « C'est bien quelque chose comme cela, mais je n'aurais pas reconnu l'eau de Cologne. » — « Maintenant que vous savez que c'est une simple suggestion, et non une réalité, la sentez-vous encore? » Il approcha la main de son nez et me dit : « C'est curieux, je la sens encore très bien. » Ainsi, le mot eau de Cologne n'avait pas été retenu; l'*image olfactive suggérée* n'étant pas bien précise dans le cerveau chez une personne qui n'avait pas l'habitude d'en faire un fréquent usage, c'est une odeur analogue, mémorative d'un vinaigre mal défini, que le centre olfactif avait évoquée.

Quelques mots encore sur la suggestion d'hallucinations : le somnambulisme profond est caractérisé par la possibilité de développer au réveil des hallucinations complètes. Voici quelques exemples :

Je suggère à Cl..... pendant son sommeil qu'il verrait, à son réveil, M. St..., un confrère présent, la figure rasée d'un côté et un immense nez en argent. Une fois réveillé, ses yeux s'étant portés par hasard sur notre confrère, il part d'un immense éclat de rire : « Vous avez donc fait un pari, dit-il, vous vous êtes fait raser d'un côté ! Et ce nez ! vous étiez donc aux invalides ? »

Une autre fois, je lui suggère, dans une salle de malades, qu'il verra dans chaque lit un gros chien à la place des malades, et il est tout étonné, à son réveil, de se trouver dans un hôpital de chiens.

Un jour qu'il me racontait avoir été maltraité par la femme de son propriétaire, je lui suggérai qu'à son réveil il verrait le mari entrer dans la salle et lui ferait des remontrances sur les agissements de sa femme, puis qu'après cinq minutes de ces remontrances bien accentuées, il se rendormirait spontanément. Aussitôt réveillé, il voit en effet son propriétaire, et s'avançant vers lui : « Ah ! bonjour, monsieur H..., je suis content de vous rencontrer, car je dois vous dire ce que j'ai sur le cœur. Votre femme est une mauvaise femme ; elle m'a battu. Cela ne se passera pas comme ça. Je vais aller me plaindre à la police, etc., etc. » Au bout de quelques minutes pendant lesquelles il continue à récriminer vivement, il va se rasseoir sur une chaise et se rendort.

A D..., je dis, en présence de M. le docteur Christian, médecin en chef de l'asile de Charenton : « Quand vous vous réveillerez, vous irez à votre lit ; vous y trouverez une dame qui vous remettra un panier de fraises, vous la remercierez, vous lui donnerez la main, puis vous mangerez les fraises. » Réveillé une demi-heure plus tard, il va à son lit et dit : « Bonjour, madame, je vous remercie beaucoup » ; il lui prend la main. Je m'approche, il me montre le panier de fraises fictif. « Où est-elle, la dame ? » lui dis-je. Il répond : « Elle est partie ; la voici dans le corridor » ; il me la montre par la fenêtre qui donne sur le corridor. Puis il mange les fraises, l'une après l'autre, les portant délicatement à la bouche, les suçant avec délice, jetant les pédicules, s'essuyant les mains de temps en temps avec une apparence de réalité dont l'imitation serait difficile.

Au même sujet, je fais manger aussi tantôt des cerises, tantôt des pêches, ou des raisins imaginaires ; ou bien je lui fais prendre, quand il est constipé, une bouteille d'eau de Sedlitz imaginaire. Il prend la bouteille fictive, verse dans un verre fictif, en boit successivement trois ou quatre, faisant tous les mouvements de déglutition, la trouve amère, remet le verre en place et a quelquefois dans la journée plusieurs (jusqu'à quatre ou cinq) selles provoquées par ce purgatif imaginaire. Toutefois, certains jours de grande constipation, l'imagination ne suffit pas à provoquer un effet aussi considérable.

Chez une dame G..., intelligente, impressionnable, nullement hystérique, je provoque à son réveil les hallucinations les plus complexes, intéressant tous les organes sensoriels. Je lui fais entendre de la musique militaire dans la cour de l'hôpital : des soldats montent, entrent dans la salle ; elle voit un tambour-major faire des pirouettes devant son lit ; un musicien s'approche d'elle, lui parle ; il est ivre ; il lui tient des propos inconvenants ; il veut l'embrasser ; elle lui applique une paire de soufflets, et appelle la sœur et l'infirmière, celles-ci accourent et mettent l'ivrogne à la porte. Toute cette scène, suggérée pendant le sommeil, se déroule devant elle, spectatrice et actrice, avec autant de lumière que la réalité. Elle a beau avoir subi nombre de fois des hallucinations analogues ; elle ne peut s'y dérober. Elle regarde autour d'elle et demande aux autres malades si elles n'ont pas vu et entendu. Elle ne peut distinguer l'illusion de la réalité ; quand tout est terminé et que je lui dis : « C'est une vision que je vous ai donnée », elle comprend bien que c'est une vision, mais elle affirme que c'est plus qu'un rêve, que c'est aussi net que la réalité même.

A une jeune fille hystérique dont j'ai parlé, je fais voir à son réveil une bague à son doigt, un bracelet au bras, ou bien je lui donne un bel éventail orné des portraits de personnes qu'elle connaît. Elle est tout heureuse du cadeau, mais au bout de trois à quatre minutes, chez elle, l'objet a disparu, et depuis que l'expérience lui a appris la volatilité de ces cadeaux, elle me supplie chaque fois de les lui laisser, de ne plus les lui enlever.

Chez d'autres, ces hallucinations durent plus longtemps. A une dame hystérique, Mme L..., je fais voir au réveil le portrait de son mari ; elle le voit et continue à le voir encore le lendemain, au bout de 24 heures, sachant fort bien que le portrait n'existe pas. Un autre jour, je lui dis : « A votre réveil, vous verrez assise sur cette chaise Mme E... » (C'était Mme R... qui occupait cette

chaise.) Réveillée, elle voit Mme E... et parle à la personne supposée. Après dix minutes de conversation, je lui dis : « Mais vous
vous trompez, ce n'est pas Mme E..., c'est Mme R... qui est devant
vous. » Elle est convaincue alors que c'est Mme R..., sait que c'est
une *illusion sensorielle* et cependant ne peut s'y dérober. Comme
l'illusion persiste et lui est désagréable, au bout d'une demi-heure
je la rendors, sur sa demande, pour rendre à Mme R... sa véritable
physionomie.

Ces suggestions d'hallucinations, dont je pourrais multiplier les
exemples, ne réussissent pas chez tous les somnambules.

A D..., j'affirme qu'à son réveil il verrait un chien dans son lit
et le caresserait. Réveillé, il chercha sous l'édredon sans rien trouver, disant qu'il croyait avoir rêvé qu'un chien était dans son lit.

A un autre, je dis : « A votre réveil, vous me verrez saigner abondamment du nez. » Réveillé, il me regarde et dit : « Vous avez dû
saigner du nez abondamment. » Il ne voyait pas de sang ; l'idée
seule de mon épistaxis existait dans son cerveau.

Ainsi, parmi les somnambules, les uns n'obéissent qu'aux suggestions d'actes, d'autres sont susceptibles en même temps d'illusions sensitivo-sensorielles plus ou moins complètes ; tel peut être
affecté de démangeaisons, de douleur, c'est-à-dire d'illusions de
la sensibilité tactile, mais non *d'illusions sensorielles*. On ne
réussit point, par exemple, à lui faire sucer du sel avant son réveil,
lui disant que c'est du sucre, et à lui faire conserver le goût sucré
dans la bouche ; à son réveil, il perçoit le goût du sel et non du
sucre ; on ne peut lui faire voir les objets en *rouge* ou en *jaune*,
l'illusion sensorielle ne réussit pas, pas plus que l'hallucination.

Chez d'autres, suggestions d'actes, d'illusions sensitivo-sensorielles, d'hallucinations, tout réussit. Le même sujet d'ailleurs
qui, dans les premières séances, restait rebelle aux illusions sensorielles et aux hallucinations, peut se perfectionner par l'habitude
et arriver, au bout de séances multipliées, à réaliser toutes les
conceptions hallucinatoires commandées à son cerveau hypnotisé.

Chez certains, on peut suggérer pendant le sommeil une hallucination négative ; ceci ne réussit que sur les somnambules profonds. Un jour, je me trouvais chez le docteur Liébeault : il sug-
géra à une femme endormie — ce n'était pas une hystérique —
qu'à son réveil elle ne me verrait plus, je serais parti, ayant oublié
mon chapeau. Avant de partir, elle prendrait mon chapeau, le
mettrait sur sa tête et me l'apporterait à mon domicile.

Quand elle se réveilla, je me plaçai en face d'elle. On lui demanda : « Où est le docteur Bernheim? » Elle répondit : « Il est parti; voici son chapeau. » Je lui dis : « Me voici, madame, je ne suis pas parti, vous me reconnaissez bien. » Elle ne répondit rien. Au bout de cinq minutes, après avoir laissé la première impression s'effacer, je m'assis à côté d'elle et lui demandai : « Y a-t-il longtemps que vous venez chez M. Liébeault? » Elle ne me répondit rien, comme si elle ne m'avait ni vu ni entendu. Une autre personne lui fit la même question. Elle répondit immédiatement : « Depuis quinze jours. » Là-dessus, je continuai : « Et vous allez mieux, madame, n'est-ce pas, depuis ce traitement? » Même silence. Réponse à la personne voisine. Je mis mes mains devant ses yeux pendant deux minutes; elle ne sourcilla pas, je n'existais pas pour elle. Enfin, quand elle partit, elle prit mon chapeau, s'en couvrit la tête et sortit. M. Liébeault la suivit dans la rue et lui redemanda le chapeau, disant qu'il se chargeait lui-même de me l'envoyer.

J'ai répété cette expérience d'hallucination négative avec succès sur plusieurs de mes somnambules.

Je cite un de ces faits : A la dame G..., de mon service, je suggère, en présence de deux dames de la ville qui étaient venues visiter l'hôpital, qu'à son réveil elle ne me verrait plus, elle ne m'entendrait plus; je ne serais plus là. Réveillée, elle me cherche; j'ai beau me montrer, lui corner à l'oreille que je suis là, lui pincer la main qu'elle retire brusquement sans découvrir l'origine de cette sensation; les dames présentes lui disent que je suis là, que je lui parle; elle ne me voit pas et croit que ces dames veulent se moquer d'elle. Cette illusion négative, que j'avais déjà produite chez elle dans d'autres séances, mais qui n'avait persisté que 5 à 10 minutes, persiste cette fois-ci pendant tout le temps — plus de 20 minutes — que je continue à rester auprès d'elle.

L'une des deux dames présentes était une hystérique que je traitais par l'hypnotisme pour une aphonie nerveuse, et qui était susceptible aussi d'hallucinations hypnotiques et post-hypnotiques. Or, le lendemain de cette scène à laquelle je l'avais fait assister, je la mis en somnambulisme et je lui dis : « Vous savez, à votre réveil, vous ne me verrez plus. » Elle se mit à sourire. « Vous riez, lui dis-je, parce que vous vous rappelez la femme d'hier qui ne m'a plus vu à son réveil. Eh bien! ce sera la même chose pour vous. Seulement, vous ne me verrez plus, parce que je serai réellement parti. Au moment de vous réveiller, je partirai et je resterai absent pendant 10 minutes. Vous me verrez rentrer par la porte en face. » Quand je l'eus réveillée, elle me chercha inutilement et parut fort contrariée de ne pas me voir. « Je suis là, lui dis-je. Vous me voyez bien, je vous touche, je vous chatouille le front. » Elle ne bougea pas. « Vous voulez vous moquer de moi, ajoutai-je; vous jouez la comédie. Vous ne pouvez vous empêcher de rire; vous allez partir d'un immense éclat. » Elle ne sourcilla pas. Comme elle témoigna son mécontentement, je dis aux personnes présentes de lui affirmer qu'on m'avait mandé en toute hâte pour un client qui venait d'avoir une attaque dans le voisinage. Elle continua à être de mauvaise humeur et se rendormit spontanément; au bout de 10 minutes précises, elle rouvrit les yeux, regarda du côté de la porte, comme si elle me voyait rentrer, me salua, se montra contente de me revoir, et attribua son mécontentement à la crainte qu'elle avait eue d'une crise nerveuse produite par le réveil, sans mon influence. Je lui avouai alors que j'étais présent, mais que je lui avais donné une suggestion négative semblable à celle qu'elle avait vu réaliser la veille sur une autre personne; elle affirma ne m'avoir ni vu ni entendu; l'escamotage de ma personne était parfait.

Les illusions sensorielles et hallucinatoires, comme les suggestions d'actes, peuvent être commandées à longue échéance. A la dame G... dont j'ai parlé, je suggère dans 5 jours, à l'heure de la visite, une céphalalgie qui se réalise. Un autre jour, je lui dis : « Dans la nuit de jeudi à vendredi prochain, dans 6 jours, vous verrez l'infirmière s'approcher de votre lit et elle vous versera un seau d'eau sur les jambes. » Le vendredi suivant, à la visite, elle se plaint vivement que l'infirmière lui a, dans la nuit, versé de l'eau sur les jambes. J'appelle l'infirmière qui nie naturellement; la sœur ne sait rien. Je dis à la malade : « C'est un rêve; Marie ne vous a rien fait; vous savez bien que je vous donne des rêves. » Elle affirme que ce n'est pas un rêve, mais qu'elle a vu, de ses yeux vu, qu'elle a senti l'eau, qu'elle a été mouillée.

Chez quelques-uns, on obtient les phénomènes suggérés au bout d'un temps beaucoup plus long encore. Voici un fait curieux : Au mois d'août dernier, je dis, pendant son sommeil, au somnambule S..., ancien sergent, dont je relaterai l'observation : « Quel jour serez-vous libre dans la première semaine du mois d'octobre ? » Il me dit : le mercredi. — » « Eh bien alors, écoutez bien :

Le premier mercredi d'octobre, vous irez chez le Dʳ Liébeault (qui m'avait adressé ce sujet), et vous trouverez chez lui le Président de la République qui vous remettra une médaille et une pension. » — « J'irai », me dit-il. — Je ne lui en parle plus. A son réveil, il ne se souvient de rien. Je le vois plusieurs fois dans l'intervalle, je détermine chez lui d'autres suggestions et ne lui rappelle jamais la précédente. Le 3 octobre (63 jours après la suggestion), je reçois de M. le Dʳ Liébeault la lettre suivante : « Le somnambule S... vient d'arriver aujourd'hui chez moi à 11 heures moins 10 minutes. Après avoir salué en entrant M. F... qui se trouvait sur son chemin, il s'est dirigé vers la gauche de ma bibliothèque sans faire attention à personne et je l'ai vu saluer respectueusement, puis entendu prononcer le mot : « Excellence ». Comme il parlait assez bas, je suis allé immédiatement vers lui ; en ce moment, il tendait la main droite et répondait : « Merci, Excellence. » Alors je lui ai demandé à qui il parlait. « Mais, m'a-t-il dit, au Président de la République. » Je note qu'il n'y avait personne devant lui. Ensuite, il s'est tourné encore vers la bibliothèque et a salué en s'inclinant, puis est revenu vers M. F... Les témoins de cette scène étrange, quelques instants après son départ, m'ont naturellement questionné sur ce qu'était ce fou. Ma réponse a été qu'il n'était pas fou et qu'il était aussi raisonnable qu'eux et moi ; un autre agissait en lui. »

J'ajoute qu'ayant revu S... quelques jours plus tard, il m'affirma que l'idée d'aller chez M. Liébeault lui était venue subitement le 3 octobre à 10 heures du matin, qu'il ne savait pas du tout les jours précédents qu'il devait y aller, et qu'il n'avait aucune idée de la rencontre qu'il y ferait.

Quelque singuliers, quelque inexplicables que soient ces phénomènes de suggestion à longue échéance, devant éclore à un moment assigné d'avance et que le cerveau prépare ou médite à l'insu du sujet, je n'ai pas hésité à les relater ; j'aurais hésité en présence d'un fait isolé, mais je les ai reproduits tant et tant de fois sur divers somnambules que je n'ai pas le moindre doute sur leur réalité. L'interprétation est du domaine de la psychologie. (Voir Note A.)

CHAPITRE III.

Observations de divers types de somnambulisme. — Du dédoublement de la personnalité chez certains somnambules. — Des rêves spontanés avec ou sans persistance du sentiment de la réalité.

Nous avons vu que la plupart des personnes peuvent être influencées par l'hypnotisme, à un degré variable; mais toutes ne sont pas susceptibles d'entrer en sommeil profond ou somnambulisme. D'après un relevé que m'a communiqué M. Liébeault, sur 2,534 individus soumis par lui à l'hypnotisation, il y a eu 385 somnambules, c'est-à-dire 15.19 sur 100 ou 1 sur 6.58.

Voici maintenant, succinctement, quelques exemples de somnambulisme provoqué.

Obs. I. — M. Sch..., âgé de 40 ans, cartonnier, dont je relaterai plus tard l'observation au point de vue thérapeutique, est un homme petit, assez gros, d'un tempérament mixte, froid, d'une intelligence assez lourde, peu cultivée mais suffisamment équilibrée, sans aucun antécédent nerveux, et qui, à la suite d'une fracture de la colonne vertébrale, avec commotion cérébrale, avait conservé, depuis un an, une certaine parésie des membres inférieurs et des attaques épileptiformes, dont il est actuellement (septembre 1883) guéri depuis plusieurs mois.

Pendant plusieurs semaines, je n'ai pu l'hypnotiser que jusqu'au troisième degré; puis il arriva au sommeil profond. Actuellement, je l'endors en une seconde par simple injonction : je lui commande de dormir profondément; il reste immobile dans la position où je le mets. Dans les premières séances, il se réveillait spontanément; aujourd'hui, il continue à dormir indéfiniment, si je ne le réveille pas; une fois, je l'ai laissé dormir pendant 16 heures consécutives. Je le mets en catalepsie générale ou partielle par suggestion; il garde bras et jambes en l'air, aussi longtemps que je veux, rigides, sans fatigue; je produis du trisme ou l'écartement forcé des mâchoires; je maintiens la tête fléchie sur la poitrine ou inclinée sur le côté, en contracture irrésistible.

Il répond à toutes les questions, rapidement, mais ne présente, pas plus qu'aucun de mes somnambules, aucun phénomène de lucidité, ni même, ce qu'on observe chez d'autres, d'exaltation intellectuelle.

A mon commandement, il se lève, se promène dans la salle, retourne à sa chaise ou dans son lit, les yeux fermés, en tâtonnant dans l'obscurité; je lui dis qu'il ne peut plus marcher, il reste cloué sur place; je lui dis qu'il ne peut plus marcher qu'à reculons, et il fait de vains efforts pour avancer, il recule.

La sensibilité est chez lui totalement anéantie : une épingle traverse sa peau de part en part, sans déterminer le moindre réflexe ; on chatouille ses fosses nasales, son arrière-gorge ; on touche ses conjonctives, on l'électrise, il ne réagit pas.

Je produis des perversions sensorielles : je lui fais boire de l'eau pour du vin ; je lui fais avaler un gros morceau de sel pour du sucre ; il le suce et trouve que c'est très doux. Cependant, cette suggestion sensorielle ne réussit pas toujours parfaitement ; parfois il trouve que c'est doux, mais aussi un peu salé.

Je lui suggère des actes : il danse, montre le poing, va fouiller, par mon ordre, dans la poche d'une personne que je lui désigne, en retire ce qu'il trouve, le cache dans son lit, et une demi-heure après, toujours par mon ordre, l'y recherche, le remet dans la poche où il l'a puisé, en faisant des excuses à la personne volée.

Il accepte toutes les illusions, toutes les hallucinations que je lui suggère, soit immédiates pendant son sommeil, soit comme devant se réaliser après le réveil ; j'ai cité plusieurs faits d'hallucinations ou d'actes posthypnotiques se rapportant à lui. Je lui signale une démangeaison sur le front ; il y porte la main et se gratte.

Je lui fais voir un chat qui saute sur lui, il le caresse, se sent égratigné, etc.

Je le réveille instantanément en lui disant: « C'est fini. » Quelquefois il n'a aucun souvenir de ce qu'il a fait, dit et entendu pendant le sommeil ; ceci arrive surtout quand je lui dis pendant son sommeil: « A votre réveil, vous ne vous rappellerez plus absolument rien. » Autrement, quand je n'ai pas eu la précaution de lui dire cela, il se rappelle tout ce qu'il a fait : il a avalé du sucre (c'était du sel), il a marché, etc. Un jour, je l'avais fait danser avec une cavalière fictive, je lui avais fait boire de la bière imaginaire ; puis je lui avais fait voir la sœur du service. Le lendemain, celle-ci me dit que le malade déraisonnait, qu'il racontait à tout le monde qu'il avait été la veille au soir au bal, que je lui avais offert une consommation et qu'il y avait rencontré la sœur. Le rêve suggéré pendant le sommeil s'était réalisé dans son imagination avec tant de netteté, que le souvenir au réveil s'imposait à son cerveau comme une réalité.

Enfin, ce sujet est remarquable par la facilité avec laquelle on développe chez lui les suggestions les plus variées à l'état de veille. Nous reviendrons bientôt sur cette partie, la plus intéressante de son observation.

Obs. II. — Le second somnambule dont je veux brièvement retracer l'histoire est un homme de 44 ans, photographe, né à Bordeaux, qui m'a été adressé par M. le Dr Liébeault.

Maigre, souffreteux, les yeux saillants, il semble mener une existence assez précaire ; il a trois enfants âgés de 18, de 19 et de 21 ans ; il vit séparé de sa femme, à la suite de misères domestiques que je n'ai pas voulu approfondir.

Sans maladies antérieures, exempt d'antécédents vénériens, il fut pris tout d'un coup, dit-il, il y a 10 ans, un matin en se levant, d'une gêne dans la marche, caractérisée par une tendance à la propulsion ou impulsion en avant. Le phénomène s'est accentué progressivement ; depuis 5 ans, il marche mal, comme un homme ivre, titube à droite ou à gauche, si bien que la police l'a arrêté plusieurs fois, le croyant ivre, et cependant Cl... est sobre, n'a jamais fait abus d'alcooliques. Quand il descend un escalier, ou quand il fait froid, la tendance à courir en avant, la propulsion irrésistible augmente subitement ; il fait quelques pas précipités, puis s'arrête en trébuchant. Il n'a jamais eu de douleur de tête, ni de vomissement, mais depuis 2 ans et jusque vers les premiers jours d'avril dernier, il était sujet à des vertiges qui le prenaient comme un coup de foudre pendant la marche ou en se levant : « C'est, dit-il, comme une sensation d'ivresse qui ne dure qu'un instant, un quart de seconde environ. » Depuis, cette sensation vertigineuse a disparu rapidement par suggestion hypnotique. Il lui arrive aussi quelquefois, surtout le soir, à une lumière très vive, d'avoir une diplopie, très passagère, ne durant qu'un instant. Enfin, il lui serait arrivé 5 ou 6 fois dans cette période de 10 ans, d'avoir une émission d'urines involontaire, la dernière dans les premiers jours de mars.

Jamais il n'a eu ni attaques d'aucune nature, ni perte de connaissance : la sensibilité tactile, les sensibilités spéciales sont intactes ; la force musculaire conservée, réflexes tendineux normaux ; l'appétit, la digestion et les autres fonctions ne présentent rien d'anormal.

L'intelligence est nette, la mémoire conservée. Cl... répond bien à toutes les questions, son cerveau est naturellement docile ; d'un caractère calme et doux, il est simple et réservé dans ses allures. Je pense qu'il a une tumeur cérébelleuse.

Cl... dit n'avoir jamais été nerveux ; il dort bien la nuit, il se rappelle tous les actes de sa vie et ne paraît pas être sujet actuellement à des accès de somnambulisme spontané. Cependant il y a 3 ans, il lui serait arrivé pendant plusieurs nuits d'en avoir, ce qu'il constata par ce fait qu'il trouva sa besogne achevée le lendemain, sans se rappeler l'avoir faite. Depuis, il n'a plus rien constaté de semblable.

Après avoir été plusieurs fois endormi par M. Liébeault, il vient me voir à la clinique le 20 mars. Il me suffit de placer deux doigts devant ses yeux pour que, en quelques instants, ses paupières clignotent, puis se ferment ; il est hypnotisé.

Je lève ses bras ; il est en catalepsie suggestive. Il est presque complètement insensible ou le devient, si je lui affirme qu'il l'est. On lui perce la peau avec une épingle : il ne réagit pas. Je le place sur le

6666666666666666

tabouret d'une machine électrique, je tire des étincelles de son corps : il a quelques contractions fibrillaires réflexes, mais ne manifeste aucune douleur ; seuls, la nuque et l'occiput restent sensibles ; il accuse une sensation douloureuse quand on tire des étincelles de cette région et se rappelle son réveil y avoir perçu de la douleur.

Dans cet état de somnambulisme, C... est un automate accompli qui obéit à toutes les suggestions et est susceptible de toutes les illusions sensorielles ou hallucinatoires.

Je le mets en catalepsie totale ou partielle ; je paralyse à volonté un de ses bras qu'il laisse retomber inerte ou une jambe qu'il traîne comme un hémiplégique. Je provoque chez lui des mouvements par imitation. Il suffit que je me place devant lui et que je tourne mes bras l'un sur l'autre, que j'approche ou éloigne alternativement mes deux mains l'une de l'autre, que je fasse un pied de nez, ou que je fasse un mouvement quelconque avec mes jambes pour qu'immédiatement il imite automatiquement chacun de ces mouvements qu'il voit ; car il peut ouvrir alors largement les yeux en continuant à manifester tous ces phénomènes.

Si je m'éloigne en tendant la main vers lui, il me suit passivement partout où je vais. Au commandement, il s'arrête ; je lui suggère qu'il est cloué sur place et ne peut plus faire un pas : il faut le pousser assez vivement pour qu'il démarre. Je trace une ligne sur le plancher et lui déclare qu'il ne peut la dépasser ; il s'escrime inutilement à franchir cette ligne. Je lui dis qu'il ne peut plus avancer, mais seulement reculer ; il essaie d'avancer, mais ne peut que reculer.

Les illusions des sens sont instantanées : je produis une cécité uni ou bilatérale, il ne voit plus d'un œil ; une épingle ou une lumière approchée de la cornée ne le fait pas sourciller ; c'est une cécité psychique ou cérébrale : la pupille n'est pas influencée par la suggestion, une lumière la contracte, la suggestion de l'obscurité ne la dilate pas.

Je détermine toutes les hallucinations de la vue ; je l'envoie s'asseoir sur une chaise où il trouve un caniche imaginaire, il le touche, craint d'être mordu par lui, retire vivement son doigt ; je lui fais caresser un petit chat ; j'évoque les images des personnes qu'il a connues, je lui montre son fils qu'il n'a pas vu depuis 8 ans ; il le reconnaît et reste comme en extase, les yeux fixes, en proie à la plus vive émotion ; les larmes coulent de ses yeux.

Les illusions du goût sont tout aussi nettes : je lui fais avaler du sel en quantité pour du sucre, il le trouve très doux ; je barbouille sa langue avec du sulfate de quinine, lui disant que c'est très sucré, et cela immédiatement avant de le réveiller, mais en ayant soin de lui affirmer qu'il conserverait le goût du sucre dans sa bouche, et à son réveil, il perçoit ce goût. Je lui mets un crayon dans la bouche,

lui affirmant que c'est un cigare : il lâche des bouffées de fumée, se
sent brûlé quand je lui mets le bout soi-disant enflammé dans la bouche.
Je lui dis que ce cigare est trop fort et qu'il va se trouver mal : il est
pris de quintes de toux, crache, a des nausées, des expuitions aqueuses,
pâlit, a des vertiges. Je lui fais avaler un verre d'eau en guise de
champagne : il le trouve fort ; si je lui en fais avaler plusieurs, il est ivre,
il titube. Je dis : « L'ivresse est gaie » ; il chante avec des hoquets dans
la voix ; je provoque un fou rire. Je dis : « L'ivresse est triste » ; il pleure
et se lamente. Je le dégrise avec de l'ammoniaque imaginaire sous le
nez : il se retire en contractant ses narines et fermant ses yeux comme
suffoqué par cette odeur ; je le fais éternuer plusieurs fois de suite
avec une prise fictive de tabac. Toutes ces sensations se succèdent
rapidement, instantanément : son cerveau les adopte et les perçoit,
aussitôt exprimées par moi. Je le fais bégayer, il *n-n-ne p-peut plus
par-par-par-ler* qu'en bégayant ; je l'envoie écrire au tableau mon nom,
lui suggérant qu'il ne peut plus écrire les consonnes, il écrit *ee* ; qu'il
ne peut plus écrire les voyelles, il écrit *B r n m*, etc.

Enfin, à ma volonté, il exécute tous les actes que je lui *commande* :
je lui fais voler une montre dans le gousset d'une personne ; je lui
ordonne de me suivre pour la vendre, je le conduis à la pharmacie de
l'hôpital, boutique de brocanteur imaginaire, pour vendre la montre ; il
la vend au prix qu'on lui fait et me suit ayant tout l'aspect d'un voleur ;
en route, je lui fais montrer le poing à un infirmier, faire le pied de
nez aux religieuses qu'il rencontre. Tout s'accomplit sans hésitation.

Désireux de voir jusqu'où peut aller la puissance de la suggestion
chez lui, j'ai un jour provoqué une scène véritablement dramatique.
Je lui ai montré contre une porte un personnage imaginaire, en lui
disant que cette personne l'avait insulté ; je lui donne un pseudo-
poignard (coupe-papier en métal) et lui ordonne d'aller la tuer. Il se
précipite et enfonce résolument le poignard dans la porte, puis reste
fixe, l'œil hagard, tremblant de tous ses membres. « Qu'avez-vous fait,
malheureux? Le voici mort. Le sang coule. La police vient. » Il s'arrête
terrifié ! On l'amène devant un juge d'instruction fictif, mon interne !
« Pourquoi avez-vous tué cet homme? — Il m'a insulté. — On ne tue
pas un homme qui vous insulte. Il fallait vous plaindre à la police.
Est-ce que quelqu'un vous a dit de le tuer? » Il répond : « C'est M. Bernheim. » Je lui dis : « On va vous mener devant le procureur. C'est *vous*
seul qui avez tué cet homme. Je ne vous ai rien dit, vous avez agi de
votre propre chef. »

On le mène devant mon chef de clinique, faisant fonctions de procureur. « Pourquoi avez-vous tué cet homme? — Il m'a insulté. —
C'est étrange ! On ne répond pas à une insulte par un coup de poignard !
Étiez-vous dans la plénitude de vos facultés intellectuelles? On dit que
vous avez le cerveau dérangé parfois. — Non, monsieur! — On dit

que vous êtes sujet à des accès de somnambulisme. Est-ce que vous
n'auriez pas obéi à une impulsion étrangère, à l'influence d'une autre
personne qui vous aurait fait agir? — Non, monsieur; c'est moi seul
qui ai agi, de ma propre initiative, parce qu'il m'a insulté! — Songez-y,
monsieur, il y va de votre vie. Dites franchement, dans votre intérêt,
ce qui est. Devant le juge d'instruction, vous avez affirmé que l'idée
de tuer cet homme vous avait été suggérée par M. Bernheim. — Non,
monsieur, j'ai agi tout seul! — Vous connaissez bien M. Bernheim,
vous allez à l'hôpital où il vous endort. — Je connais M. Bernheim
seulement parce que je suis en traitement à l'hôpital où il m'électrise
pour guérir ma maladie nerveuse, mais je ne le connais pas autrement.
Je ne puis pas vous dire qu'il m'a dit de tuer cet homme, parce qu'il
ne m'a rien dit. » — Et le procureur improvisé ne put lui arracher la
vérité, puisque la vérité pour lui était ma suggestion dernière : qu'il
avait agi *de son propre mouvement*. La signification de cette expérience
au point de vue psychologique et médico-légal appelle bien des
réflexions !

Réveillé ou revenu à son état normal, Cl... croit avoir dormi
paisiblement sur sa chaise et n'a aucun souvenir du drame dont il a
été l'auteur; les émotions terribles qui l'ont assailli, les scènes violentes
évoquées devant lui n'ont laissé aucune empreinte dans son cerveau.
On le promènerait pendant des heures en état de somnambulisme, les
yeux ouverts, on lui imposerait les actes les plus bizarres, il les accom-
plirait résolument; on le ramènerait ensuite à la place où on l'a transformé en somnambule, pour le réveiller ou le ramener à sa vraie nature,
il ne se rappellerait absolument rien de ce qui s'est passé dans cette
seconde vie automatique imposée par la volonté d'une autre personne.

Cl... est remarquable aussi par la facilité avec laquelle on détermine
chez lui des hallucinations ou des actes après le réveil. A peine endormi, je lui suggère qu'à son réveil, et je ne le réveille qu'une heure
après, il verra son portrait sur le tableau noir : il le voit et le trouve
très ressemblant. — Je lui suggère qu'il verra dans chaque lit un gros
chien! — Et il reste étonné de voir cette chose singulière. — Je lui
suggère des hallucinations négatives : à son réveil, il ne pourra voir,
entendre, sentir que moi; tout le monde sera parti, je serai seul avec
lui. Et à son réveil, les autres assistants lui parlent, le touchent, lui
présentent son chapeau et sa canne; il ne voit personne, ne répond à
personne. Mon honoré collègue, M. Victor Parisot, lui bouche les
oreilles pendant que je lui parle, il continue à entendre et à me
répondre. Il est certain que si je lui parlais trop bas, l'obstruction
mécanique de l'oreille empêcherait l'audition. Je prends congé de
lui : un élève lui apporte son chapeau, il a l'air de ne pas le voir et
ne le prend pas, mais le cherche à la place où il l'avait mis; quand je
tiens son chapeau dans ma main, il le prend immédiatement en me

remerciant. Les assistants font cercle autour de lui au moment où il veut sortir; il marche droit devant lui et s'arrête devant cet obstacle sans paraître chercher à l'expliquer. Une personne se place devant la porte de sortie : il cherche en vain la serrure et, ne la trouvant pas, croit s'être trompé et va à une autre porte. Finalement, on le laisse sortir. Aussitôt hors la chambre, il voit et reconnaît tout le monde qu'il rencontre sur son chemin.

Dans un article intéressant publié dans la *Revue philosophique* en mars 1883, M. Ch. Richet relate des observations de somnambules auxquels il a fait perdre le sentiment de leur personnalité en la transformant en une autre.

Chez Cl..., rien de plus facile que de lui communiquer ces illusions relatives à sa personne. Je lui dis : « Tu as 6 ans, tu es un enfant, va jouer avec les gamins » : le voilà qui se lève, saute, fait le geste de sortir des chiques de sa poche, les aligne convenablement, mesure la distance avec la main, vise avec soin, court les remettre en série, et continue ainsi indéfiniment son jeu avec une activité, une attention, une précision de détails surprenante. Il joue de même à l'attrape, au saute-mouton, sautant successivement en augmentant chaque fois la distance, par-dessus un ou deux camarades imaginaires, avec une facilité dont il ne serait pas capable, vu sa maladie, à l'état de veille.

Je lui dis : « Vous êtes une jeune fille. » Il baisse la tête modestement, ouvre un tiroir, en tire une serviette, fait semblant de coudre. Quand il en a assez, il va à une table sur laquelle il tapote, comme pour jouer du piano.

Je lui dis : « Vous êtes général, à la tête de votre armée. » Il se redresse, s'écrie : « En avant ! » balance son corps comme s'il était à cheval.

Je lui dis : « Vous êtes un brave et saint curé. » Il prend un air illuminé, regarde le ciel, marche en long et en large, lisant son bréviaire, faisant le signe de la croix, le tout avec un sérieux et une apparence de réalité qui défie toute idée de simulation.

Je le transforme en animal : « Vous êtes un chien. » Il se met à quatre pattes, aboie, fait mine de mordre, et ne quitte cette posture que quand je lui ai rendu le sentiment de sa vraie personnalité ou que je lui en ai donné une autre.

Dans tous ces changements de personnalité qu'on obtient facilement chez beaucoup de somnambules, le caractère propre du sujet se révèle : chacun joue son rôle avec les qualités qui lui sont personnelles, avec les aptitudes dont il dispose.

Cl..., qui est timide de son naturel et n'a pas la parole facile, fait le sien presque comme une pantomime, il parle peu. Quand on lui en-

dosse une personnalité au-dessus de ses moyens, il essaie en vain de la
réaliser. Un jour je lui dis : « Vous êtes avocat, vous avez la parole très
facile, vous êtes très éloquent. Voici l'accusé devant vous. Défendez-le.
Vous êtes au tribunal. » Il se place debout, lève les bras et commence :
« Le condamné que je dois défendre...» Le reste ne vient pas, il bal-
butie, s'arrête honteux, sa tête tombe, il s'endort comme épuisé par
l'impossibilité de continuer ce rôle.

Chez aucun de mes sujets, je n'ai vu d'ailleurs la suggestion
hypnotique exalter à un degré extraordinaire, comme le prétendent quelques-uns, les facultés intellectuelles ni créer d'emblée
des aptitudes nouvelles. Sans doute, la concentration de tout
l'individu psychique vers l'idée suggérée, peut augmenter la
sagacité, développer une clairvoyance limitée à la sphère d'idées
évoquées, plus grande qu'à l'état de la veille, mais jamais je n'ai
vu nettement, jusqu'à présent, un phénomène intellectuel dépas-
sant la mesure normale ; je n'ai pu rendre avocats ou prédica-
teurs éloquents des sujets non doués naturellement du don de
l'éloquence.

Chaque somnambule, je le répète, a son individualité propre.
Automate dirigé par une volonté étrangère, il agit avec sa machine et répond aux suggestions comme il les conçoit, comme
il peut, comme il les interprète.

Obs. III. — S..., âgé de 39 ans, est un ancien sergent, actuellement
ouvrier aux hauts-fourneaux, qui m'a été adressé par M. Liébeault
qui l'a endormi à plusieurs reprises. Blessé à Patay par un éclat
d'obus à la tête, il porte sur la tête une cicatrice profonde ; il a eu
une cystite consécutive à un rétrécissement de l'urèthre, dont il est
actuellement à peu près guéri. Son intelligence est nette ; il n'accuse
aucun antécédent nerveux, dort bien, n'a pas d'accès de somnambulisme spontané. La seule chose que je constate chez lui est une
analgésie sans anesthésie, très marquée et presque générale, peut-être
consécutive aux hypnotisations auxquelles il a été soumis.

Il s'endort aussitôt que l'ordre est donné, ou du moins ferme les
yeux et ne les rouvre plus ; il répond à toutes les questions. « Dormez-
vous. — Un peu. — Dormez profondément. » Après quelques instants, je
demande : « Dormez-vous très profondément ? » Il dit : « Oui. » Anesthésie, catalepsie suggestive, mouvements automatiques, illusions sensorielles, hallucinations, exécution de tous les actes commandés, tout s'accomplit ponctuellement, immédiatement, avec la précision d'un ancien
militaire.

Je lève son bras, il le raidit immédiatement ; je ferme légèrement sa main, il la contracte avec une énergie si considérable, qu'il faut une injonction assez forte pour relâcher ses fléchisseurs.

Je lève ses deux bras, il comprend immédiatement ou croit comprendre ce qu'on désire et exécute ce qu'on lui a fait exécuter quelquefois, tournant ses deux bras l'un sur l'autre avec une rapidité automatique très grande et indéfiniment.

On lui fait avaler du sel ou du poivre en quantité pour du sucre, il le suce et le savoure, sans manifester le moindre doute.

Je lui dis : « Vous êtes en 1870, sergent à la tête de votre compagnie; vous êtes à la bataille de Gravelotte. » Il réfléchit un instant comme pour revivifier ses souvenirs; ils renaissent, deviennent images et s'imposent avec une saisissante réalité. Il se lève, appelle les hommes de sa compagnie, commande, marche, les dispose pour l'action : l'ennemi est là ! il se couche, épaule son fusil, tire plusieurs fois de suite; quelques-uns de ses soldats tombent; il ramène le courage des autres : « Allons! courage! Abritez-vous derrière ce buisson! Allons! il faut nous retirer! C'est la retraite. » Et il exécute avec ses hommes toutes les péripéties de la lutte, telles que son souvenir les lui retrace.

Ou bien, je le remets en imagination au combat de Patay, où un éclat d'obus l'atteint au crâne. Il tombe, reste sans proférer un mot, porte la main sur sa tête, ne bouge pas. Puis il revient à lui, demande le médecin, se sent porté à l'ambulance, appelle un infirmier pour qu'on le panse, etc.

S..., en revivant cette partie de son existence, dédouble pour ainsi dire sa personnalité. Il fait à la fois les questions et les réponses, il parle pour lui et pour les autres, comme s'il faisait un récit. Je le transfère à Dijon où il était en garnison : « Tiens! caporal Durand. Comment vas-tu ? — Pas mal, et toi ? D'où viens-tu comme cela ? — Je viens de congé; j'étais à Saverne. — Et toi, B..., toujours le même ! — Je ne change guère. — Tu es toujours en salle de police. — Plus souvent qu'à mon tour. — Allons au café prendre un bock... » Il cherche des chaises, prie ses camarades de s'asseoir, appelle le garçon, commande des bocks et continue à parler de toute espèce de choses avec ses compagnons, parlant à la fois pour lui et pour eux.

Je lui dis : « Ou êtes-vous, S....? — Je suis à Dijon. — Qui suis-je, moi? — Vous êtes le Dr Bernheim. — Mais je ne suis pas à Dijon! Vous êtes à l'hôpital Saint-Charles de Nancy. — Mais non, puisque je suis à Dijon! Voici mes camarades. Je ne vous connais pas. »

Je lui fais voir son ancien colonel, le général Vincendon. Il se lève, salue : « Bonjour, mon colonel ! — Bonjour, mon garçon; toujours le même ! Tu es guéri de ta blessure. Tu n'as pas de médaille, pas de pension ! — Non, mon colonel. »

A son réveil, le souvenir de tout ce qui s'est passé est absolument éteint.

Ainsi il rêve le drame suggéré, se voyant pour ainsi dire lui-même dans son ancienne existence, avec ses camarades, répétant à haute voix ce que ceux-ci lui disent, ce qu'il leur répond, gesticulant et mimant, comme s'il était en action, spectateur et acteur à la fois.

Le sujet de l'observation précédente, Cl..., reste dans son rôle. Il attend la question de son interlocuteur fictif, sans la répéter, et lui répond. Il pâlit et tremble, quand il est blessé; il est terrifié devant la police. S..., au contraire, quand il est blessé, ne pâlit pas, son cœur ne bat pas plus vite; c'est un autre lui-même qu'il voit et sent agir dans ce dédoublement singulier de sa personnalité dont il ne se rend pas compte. Il me parle, me répond, sait qu'il est à l'hôpital endormi et en même temps se trouve sur le champ de bataille; la contradiction ne le frappe pas.

J'ai vu un délire analogue chez plusieurs malades atteints de fièvre typhoïde qui, l'imagination hantée par des rêves morbides, parlaient à la fois pour eux et pour les autres, répétant successivement les questions de leurs interlocuteurs et leurs propres réponses.

Ne se passe-t-il pas dans le rêve physiologique des phénomènes du même genre? Au même moment, nous sommes nous-même et un autre, comme le somnambule qui se croit transformé en chien et répond avec sa voix humaine aux questions qui lui sont adressées. Nous nous croyons en rêve, revenu au temps de notre jeunesse; les souvenirs profondément ensevelis dans notre cerveau revivent et redeviennent images. Les êtres qui ne sont plus, nous les revoyons, nous causons avec eux, et en même temps, le sentiment du moment présent n'est pas perdu; quelquefois il est assez distinct pour que nous nous disions à nous-mêmes : Ce n'est qu'un rêve! « Il semble, dit Maudsley, qu'à travers toutes les divagations des songes, il y a généralement au fond de nous un sentiment obscur ou un instinct de notre identité, car autrement nous ne serions jamais surpris de voir que nous ne sommes pas nous-même, ou que nous faisons quelque chose d'extraordinaire, ou nous n'aurions pas cette espèce de sentiment personnel qui est en nous dans tout drame personnel où nous pouvons jouer un rôle. Je crois que l'organisme conserve son identité, quoique nos fonctions conscientes soient des plus distraites; bien que nous soyons endormis..., notre personnalité fondamentale se sent avec plus ou moins de force, dans tout état de conscience, dans le rêve ou à l'état de veille. Le pensionnaire d'un asile de fous qui a l'illusion d'être le Tout-Puissant et de pouvoir faire en un instant tout ce qu'il veut, demande humblement une légère faveur au moment même où il proclame son omnipotence. Ce sont là les conséquences d'une identité distraite. »

Les hallucinations du somnambulisme ne sont en réalité que des rêves provoqués; l'image produite est plus ou moins vive, la conscience de l'identité peut persister plus ou moins confuse à côté du rêve, sans que le rêveur soit frappé de la contradiction. S... sent qu'il est à mes côtés, dominé par moi; il est en même temps sur le champ de bataille et répète tout haut le rêve qu'il voit, qu'il vit, suggéré par moi.

A côté de ces types de somnambulisme, tels que je viens de les retracer, et dont je pourrais multiplier indéfiniment les exemples existe une variété plus rare, dans laquelle le dormeur est assailli par des rêves spontanés que la personne en relation avec lui peut diriger et modifier à son gré. Ces rêves peuvent être si vivants, que le sentiment de la réalité, absolument effacé, ne peut plus être réveillé.

Obs. IV. — Tel est le cas d'une jeune fille hystérique que j'ai traitée dans mon service d'octobre 1881 à janvier 1882. Crises d'hystérie convulsive espacées, avec intervalles très lucides, hémianesthésie gauche complète qui fut guérie par les aimants, paraplégie rigide, contracture passagère du bras gauche, etc. Son intelligence est très nette, et en dehors de ces crises, elle est raisonnable, nullement impressionnable, calme et mesurée dans ses paroles et ses actes.

Elle est hypnotisée en quelques minutes par fixation du regard; ses yeux se ferment brusquement; elle reste immobile. On n'obtient pas de catalepsie suggestive; les membres soulevés retombent.

Voici la relation d'une des séances:

Je lui demande: « Dormez-vous? » Elle ne répond pas. J'insiste; elle finit par répondre: « Mais non, je ne dors pas. — Où êtes-vous? » Elle répond: « Je suis dans la rue. — Où allez-vous? — Je vais chez nous? — Où demeurez-vous? — Rue de l'Étang, chez ma mère. » Un instant après: « Où êtes-vous maintenant? — Vous voyez bien: place de la Gare. » Tout à coup, elle a une secousse violente de terreur qu'elle explique à son réveil par un monument qu'elle a vu s'ébranler et la crainte qu'elle eut d'être écrasée. — « Eh bien! dis-je, vous voilà chez votre mère. Comment vas-tu, Marie? — Cela va mieux, dit-elle, croyant répondre à sa mère. — Tu es toujours à l'hôpital? — Non, je suis sortie; je suis presque guérie. On m'électrise. — Tu serais bien gentille, dis-je, si tu voulais m'aider à repasser ce linge. — Ah! tu m'ennuies;

je ne suis pas venue pour travailler. » — Elle finit cependant par céder au désir de sa mère; alors elle tire son drap de lit, fait le geste de le mouiller, de l'empeser, prend le fer à repasser, tâte pour voir s'il est chaud, repasse avec un soin parfait, dans tous les sens, plie le drap en plusieurs doubles, n'oubliant aucun détail. — « Maintenant, lui dis-je, tu feras bien de raccommoder ce bas ». Elle arrange son drap de lit en forme de bas, fait le geste d'y mettre une boule, prend une aiguille à tricoter, reprise maille par maille avec une apparence de précision étonnante, retourne son bas, fait les mailles en sens contraire, etc. Je la fais coudre : elle fait un ourlet au drap qu'elle a sous la main, fait mine d'enfiler l'aiguille, met son dé à coudre, et coud son ourlet, enfonçant l'aiguille, retirant le fil, se piquant une fois le doigt et le portant à la bouché pour sucer la goutte de sang, remplaçant l'aiguille qui ne pique plus par une autre, le tout avec une image saisissante de réalité. — « Tu as assez travaillé pour ta mère, dis-je. Allons nous promener. » Elle me prend pour son amie Louise ! « Je veux bien », dit-elle. — « Allons nous baigner, il fait chaud », dis-je. Elle croit venir avec moi, décrit les rues où elle passe, les personnes qu'elle voit. Je frappe trois coups sur la table. « Qu'est-ce que c'est, dis-je ? — Ce sont des hommes qui cassent des pierres. » — Nous arrivons au bain, elle fait geste de se déshabiller, croit être dans l'eau, grelotte, fait avec ses mains étendues des mouvements réguliers de natation, etc.

Si je continue à la laisser dormir sans m'occuper d'elle, elle continue spontanément son rêve. Une fois, après l'avoir abandonnée quelques minutes, je la vois travailler activement à laver du linge, le retirant d'un cuveau, le plongeant dans l'eau, le savonnant sur une planche, le replongeant dans l'eau, puis le tordant vivement pour exprimer l'eau, etc.

Aussitôt réveillée, elle me raconte tous les détails de son rêve : elle est rentrée chez elle, passant place de la Gare où elle a eu une épouvante ; elle a vu sa mère qui lui a dit telle et telle chose. Elle n'oublie pas le moindre détail, coordonnant dans un ordre logique les faits incohérents auxquels je l'ai fait assister. Mes élèves ayant chanté doucement pendant son sommeil, ce sont des musiciens ou des mauvais chanteurs qu'elle a rencontrés en chemin. On lui a mis pendant son sommeil des objets sur le front pour voir si elle devinerait quels étaient ces objets : ce sont des personnes qu'elle a vues sur sa route qui l'ont arrêtée pour lui posér des questions. J'ai beau lui dire : « Mais c'est un rêve, vous avez dormi. Vous n'avez pas quitté votre lit ! » Elle n'en croit rien : le rêve lui apparaît comme une réalité.

Pendant son sommeil, je puis diriger ses rêves, mais sans pouvoir la ramener à la conscience de ce qui existe. Je lui dis : « Vous dormez. Mais non, me dit-elle. — Mais vous êtes paralysée, vous ne pouvez pas marcher. — Vous voulez vous moquer de moi ! Puisque je suis levée, je marche. »

Je l'ai endormie presque journellement, essayant de rester en rapport avec elle, lui touchant la main ou le front, lui parlant pendant l'hypnotisation, lui disant : « Rappelez-vous, pendant votre sommeil, que vous dormez, que je suis à côté de votre lit, que vous êtes paralysée. » A un moment donné, ses yeux se fermaient, et elle était partie ! Le souvenir de la réalité était envolé : elle ne dormait pas, elle n'était pas paralysée, elle marchait. J'étais son amie, ou sa mère !

Aussi aucune suggestion thérapeutique n'a pu être faite utilement ; la malade n'étant pas, à ce point de vue, en relation d'idées avec moi. Les divers phénomènes de l'hystérie, contracture, paraplégie, trismus passager, aphonie, etc., ont persisté avec des modifications variables en mieux ou en plus mal. La malade, sortie le 9 janvier, a fini par guérir spontanément. C'est la nature particulière de son somnambulisme provoqué que j'ai seulement voulu retracer.

D'autres dormeurs ont des rêves spontanés, mais qui se dissipent à la voix de l'endormeur ; leurs idées et leur volonté continuent à être dirigées par lui.

Obs. V. — Un homme de 37 ans, souffrant depuis 1872 d'une gastralgie, est venu me consulter en mai dernier. Je l'ai hypnotisé 5 fois ; il s'endort en 2 minutes par suggestion en fixant mes doigts ; il est en somnambulisme : catalepsie suggestive, mouvements automatiques, anesthésie complète, hallucinations.

Si je cesse un instant de le diriger, il entre en rêves spontanés. Un jour, il reste fixe, tremble de tous ses membres, sa figure prend l'aspect de l'épouvante. « Il vient ! Le voici ! — Quoi donc ? — Le tigre ! Le voyez-vous là-bas ? » — Il se croit dans un désert et aperçoit un tigre, qui vient à lui. Une autre fois, il se voit à Bar-le-Duc, chez son frère qui est marchand de bois ; il l'accompagne sur son chantier, cause affaires. Je lui dis : « Vous êtes à Nancy ; oui, à Nancy, sur la place Stanislas. » Il s'y trouve en effet : il me raconte tout ce qu'il voit dans la promenade que je fais parcourir à son imagination.

Malgré son rêve, il a conservé le sentiment de la réalité ; il sait qui je suis, il sait qu'il dort ! Il est à la fois endormi à Nancy et éveillé dans un chantier de Bar-le-Duc ; la contradiction ne le touche pas ; il reste pendant ses rêves spontanés en relation avec la personne qui l'a endormi. La jambe que je soulève reste en l'air. Ses bras que je fais tourner l'un autour de l'autre continuent à tourner ; je lui suggère la disparition de ses douleurs épigastriques et rachialgiques ; il dit ne plus les sentir et ne les sent plus à son réveil.

Ainsi, ce somnambule qui, abandonné pendant son sommeil, tombe dans des rêves spontanés, comme le sujet de la précédente observation, en diffère par ce fait que le sentiment de la réalité

chez lui, et non chez elle, persiste et peut être rappelé par suggestion ! La conscience de sa personnalité réelle, distraite par les divagations d'une imagination agitée par des rêves, n'est pas effacée,
et le malade reste accessible aux suggestions thérapeutiques.

Dans les pages qui précèdent, j'ai esquissé à grands traits les
phénomènes curieux que l'on peut observer dans le sommeil
provoqué, phénomènes que tous ceux qui voudront s'en donner
la peine, pourront vérifier aisément. Sans doute, on peut rencontrer des sujets qui simulent sciemment ou qui, par complaisance, se croient obligés de simuler ; on peut rencontrer des cas
douteux qui n'imposent pas la conviction ; l'état du sommeil est
séparé de l'état de veille par des nuances graduelles ; quelquefois
l'opérateur doute si tel sujet est réellement influencé ; d'autre
part, celui-ci, qui se rappelle avoir tout entendu, peut croire qu'il
n'a pas dormi et se figurer qu'il a simulé.

Ici, comme en toutes choses, l'expérience apprendra à discerner si l'influence obtenue est réelle. Un homme de grande
science et de grande intelligence, que j'hypnotise depuis quelque
temps pour une maladie nerveuse, tomba à la première séance
au troisième degré : catalepsie suggestive, souvenir conservé au
réveil. Je lui demandai s'il avait dormi. Il le pensait sans en être
absolument certain, ayant tout entendu. A ma demande, pourquoi il n'avait ni ouvert les yeux, ni abaissé les bras soulevés,
et s'il aurait pu le faire, il répondit : « Je ne sais si j'aurais pu ;
je n'avais pas l'idée de le faire, la volonté me faisait défaut. »
J'étais convaincu qu'il avait été influencé ; il l'était si bien qu'à la
séance suivante et à toutes les autres depuis, il tomba en sommeil
profond, avec perte absolue de souvenir au réveil.

Ce n'est pas à la légère, d'après une seule observation positive
ou négative, qu'il faut prononcer un jugement. Je me rends cette
justice que j'ai observé froidement, sans parti pris, sans en-
thousiasme. Mais quand, après plusieurs centaines d'observations recueillies dans toutes les classes de la société, à l'hôpital
et en ville, j'ai vu les phénomènes se produire constants, affectant
un mode uniforme ; quand je sais, d'autre part, que des hommes
comme Charcot, Brown-Séquard, Azam, Dumontpallier, Charles
Richet, Carpenter, Heidenhain, O. Berger [1], etc..., ont observé

---

1. CHARCOT, *Comptes rendus de l'Acad. des sciences*, 1882. (*Progrès médical*,
1878, 1881, 1882.) — BROWN-SÉQUARD, *Recherches expérimentales sur l'inhibition et la dynamogénie. Application des connaissances fournies par ces re-*

des faits identiques ou analogues à ceux que j'ai observés, faut-
il donc admettre que tous nos sujets se sont donné le mot pour
nous mystifier ? Certains esprits ont horreur du merveilleux ; ils
ont raison ; mais ils ont tort de considérer comme merveilleux et
de nier systématiquement des faits qu'ils n'ont pas vérifiés, par
cela seul que ces faits ne concordent pas avec les conceptions *à
priori* de leur cerveau. Les faits sont inébranlables ; l'interprétation vient après : si elle fait défaut, n'accusons pas les faits,
mais l'insuffisance de notre savoir en psychologie et en physiologie nerveuse. (Voir Note B.)

*cherchés aux phénomènes principaux de l'hypnotisme, de l'extase et du trans-
fert.* (In *Gaz. hebdom.*, 1882.) Préface à la traduction de Braid : *Neurypnologie.*
Paris, 1883. — Azam. (*Arch. génér. de méd.*, 1860.) — Dumontpallier. (*Mém.
de la Soc. de biologie*, 1881, 1882.) — Charles Richet. (*Journ. de l'anat. et de
la physiol.*, 1875 ; *Arch. de physiol.*, 1880 ; *Revue philosophique*, 1880 et 1883.)
— Carpenter, *Principles of hum. Physiol.* (London), et article *Sleep* in *Cyclop. of
anat. and phys.* — Heidenhain, *Der sogen. thier. Magnetismus*, etc. Leipzig,
1880. (*Breslauer ärtzl. Zeitschr.*, 1880.) — Berger (O.), *Hypnot. Zustände.*
(*Ibid.*, 1880, 1881, et *Deutsche Med. Wochenschr.*, 1880.)

Voyez encore : A. Maury, *le Sommeil et les Rêves*. Paris, 1878. — P. Richer,
Études sur l'hystéro-épilepsie. Paris, 1881. — Bourneville et Regnard (*Progrès
médical*, 1881), *Iconographie photographique de la Salpêtrière.* — E. Chambard,
Du Somnambulisme en général. Paris, 1881. (*Lyon médical*, août et septembre
1883.) — Leblois, *Phénomènes hypnotiques et métalloscopiques dans l'hystérie.*
(*Soc. de méd. d'Angers*, 1882.) — Th. Ribot, *les Maladies de la volonté.* Paris,
1883. — Maudsley (Henry), *la Pathologie de l'esprit*, traduit de l'anglais. Paris,
1883. — Hack-Tuke, *De l'État mental dans l'hypnotisme*, traduit de l'anglais.
(*Annales médic. psychol.*, sept. 1883.) — Tamburini et Seppili, *Contributions à
l'étude expérimentale de l'hypnotisme.* (*Gaz. med. Itali. Lombardia*, 1881.) —
Weinhold, *Hypnot. Versuche.* Chemnitz, 1880. — Rühlmann, *Die Experim. mit
dem sog. thier. Magnet.* (*Gartenlaube*, 1880.) — Meyersohn. (*Deutsche Med.
Wochenschr.*, 1880.) — Rumpf. (*Ibid.*) — Grützner. (*Centralbl. f. Nervenhk.*,
1880.) — Preyer, *Die Entdeckung des Hypnot.* Berlin, 1881. — Gscheidlen.
(*Augsb. Allg. Zeit.*, 1880.) — Baumler, *Der sog. anim. Magnet.* Leipzig, 1881 ;
E. Yung, *le Sommeil normal et le sommeil pathologique.* Paris, 1883. — Rieger,
Der Hypnotismus-Psychiasrische Beiträge. Iena, 1884.

CHAPITRE IV.

De la circulation et de la respiration chez les hypnotisés. — Les modifications
constatées par les auteurs sont dues à l'émotion des sujets.

Un mot encore sur la circulation et la respiration chez les
hypnotisés.

D'après Braid, *le pouls et la respiration sont d'abord plus lents*
qu'à l'ordinaire, mais aussitôt que l'on met les muscles en activité, il se produit une tendance à la rigidité cataleptiforme avec
accélération du pouls et respiration rapide et oppressée. D'après
ses expériences, l'accélération du pouls provenant de l'effort
musculaire que fait un sujet normalement pour tenir les jambes
et les bras étendus pendant cinq minutes est d'environ 20 p. 100;
à l'état d'hypnotisme, elle serait de 100 p. 100. Si alors on excite
tous les sens, si on cataleptise, en même temps que les membres,
les muscles de la tête et du cou, il y aurait abaissement rapide
jusqu'à 40 p. 100 (*c'est-à-dire le double de ce qu'était l'accélération pendant l'état naturel*); si l'on fait reprendre aux muscles
leur état flaccide pendant que le sujet est encore en hypnotisme,
*le pouls descend rapidement au chiffre où il était avant l'expé-
rience et même au-dessous*. De plus, pendant la rigidité cataleptiforme, le pouls serait petit et contracté; en même temps se
produirait une vive injection des conjonctives oculaires et de tout
le système capillaire du cou, de la tête et de la face. Braid pense
que la rigidité des muscles cataleptisés s'oppose à la transmission
libre du sang aux extrémités et cause ainsi l'augmentation de
l'action cardiaque et l'hyperémie du cerveau et de la moelle.

D'autres auteurs ont constaté comme Braid des modifications
des fonctions cardiaque et respiratoire. Pau de Saint-Martin,
dans un cas de léthargie hypnotique consigné dans une thèse de
Strasbourg, note l'accélération du pouls et de la respiration, la
diminution de la tension vasculaire et la sécrétion de sueurs
abondantes.

Heidenhain, au moyen de méthodes plus précises, est arrivé aux
mêmes résultats et a noté de plus l'augmentation de la sécrétion
salivaire. Plus récemment, Tamburini et Seppili, avec la méthode

graphique et le pléthysmographe de Mosso, ont constaté qu'au moment du passage de la veille au sommeil hypnotique, les mouvements respiratoires deviennent irréguliers, inégaux, plus fréquents; les battements cardiaques et vasculaires s'accélèrent; le visage se congestionne.

Le Dr Hack Tuke a observé chez un sujet une accélération des mouvements cardiaques et respiratoires; chez un autre, les mouvements du cœur et la respiration étaient au contraire calmes.

Il me semble que les observateurs n'ont pas tenu compte, dans leur appréciation, du procédé employé pour l'hypnotisation et des conditions morales dans lesquelles elle est obtenue.

Les sujets qu'on invite à fixer un objet brillant ou les yeux de l'opérateur, font un effort plus ou moins intense pour fixer; à la fatigue musculaire de l'œil, à la concentration psychique s'ajoute une certaine émotion morale, surtout quand ils sont soumis pour la première fois à l'expérience; de là, une respiration irrégulière, accélérée, quelquefois haletante; le pouls est agité par l'émotion; c'est le pouls que les cliniciens appellent pouls médical. La congestion de la face, les secousses musculaires, la sensation de malaise éprouvée par certains ne me paraissent pas reconnaître d'autres causes.

Chez les sujets que j'endors par la méthode suggestive douce, qui conservent leur esprit calme, chez tous ceux qui, ayant déjà été plusieurs fois hypnotisés, s'endorment en toute confiance, sans émotion, sans agitation, aucun de ces symptômes ne se manifeste. Dans ces conditions, je n'ai constaté ni accélération ni ralentissement du pouls, ni accélération ni ralentissement des mouvements respiratoires; j'ai pris le pouls au sphygmographe avant et pendant l'hypnotisation, je l'ai trouvé identique. Je n'ai pas constaté non plus l'accélération considérable que produirait, suivant Braid, la rigidité cataleptiforme en extension des membres; aucune différence sensible ne m'a paru exister, sous ce rapport, entre l'état de veille et l'état hypnotique.

CHAPITRE V.

De la suggestion à l'état de veille. — Production des mêmes phénomènes par simple affirmation chez les sujets hypnotisables non hypnotisés. — Transfert d'hémianesthésie chez une hystérique. — La suggestion ne détruit pas la doctrine de la métallothérapie. — Des suggestions sensorielles. — Des hallucinations. — Modifications suggestives du champ visuel.

J'aborde maintenant l'étude de quelques faits que j'ai observés sur la *suggestion à l'état de veille.*

J'ai constaté que beaucoup de sujets qui ont été hypnotisés antérieurement peuvent, sans être hypnotisés de nouveau, pour peu qu'ils aient été dressés par un petit nombre d'hypnotisations antérieures (une, deux ou trois suffisent chez quelques-uns), présenter à l'état de veille l'aptitude à manifester les mêmes phénomènes suggestifs.

Voici, par exemple, X....., un de mes malades habitués à l'hypnotisation et arrivant à un somnambulisme léger. Sans l'endormir, je lui dis, à brûle-pourpoint : « Fermez la main, vous ne pouvez plus l'ouvrir. » Il tient sa main fermée en contracture et fait des efforts infructueux pour l'ouvrir. Je fais étendre l'autre bras, la main ouverte, et je dis : « Vous ne pouvez la fermer. » Il essaie en vain de la fermer, amène les phalanges jusqu'à la demi-flexion les unes sur les autres et ne peut, en dépit de tous ses efforts, faire plus.

Je dis : « Maintenant, votre main fermée s'ouvre, votre main ouverte se ferme », et en quelques secondes, le phénomène se produit, et les mains restent immobilisées dans cette nouvelle situation.

Les mouvements automatiques réussissent très bien chez lui. Je dis : « Tournez vos bras, vous ne pouvez plus les arrêter. » Il les tourne indéfiniment l'un sur l'autre. J'ajoute : « Faites tous vos efforts pour les arrêter. N'usez pas de complaisance. Arrêtez-les, si vous pouvez. » Il fait des efforts, cherche à rapprocher les deux mains pour les caler l'une contre l'autre. Inutile, elles repartent, comme des ressorts entraînés par un mécanisme inconscient. J'arrête un des bras, l'autre continue à *tourner* : aussitôt que je lâche le premier, il va rejoindre son congénère et reprend son mouvement circulaire. Je produis de même le trismus, le torticolis, la paralysie suggestive d'un membre, etc.

Ce n'est pas une observation unique : la même chose se présente chez beaucoup de sujets hypnotisables et nullement hystériques, même chez ceux qui n'arrivent pas au sommeil profond, mais seulement au second ou troisième degré : ils présentent, du moins quelques-uns, à l'état de veille exactement les mêmes phénomènes qu'en hypnotisme, les uns seulement la catalepsie suggestive avec contractions musculaires ou contractures variables, les autres, la catalepsie avec les mouvements automatiques, d'autres en même temps, l'anesthésie sensitivo-sensorielle suggérée, d'autres jusqu'à des hallucinations; et pour obtenir ces phénomènes de suggestion, je n'ai pas besoin de prendre une grosse voix d'autorité, ni de foudroyer mes sujets du regard : je dis la chose le plus simplement du monde, en souriant; et j'obtiens l'effet non sur des sujets dociles, sans volonté, complaisants, mais sur des sujets bien équilibrés, raisonnant bien, ayant leur volonté, quelques-uns même ayant un esprit d'insubordination.

Des modifications de la sensibilité peuvent être obtenues chez certains par suggestion à l'état de veille.

Voici un fait remarquable : une jeune fille hystérique, mais qui n'a plus de crises, est dans mon service ; elle présente une hémianesthésie gauche sensitivo-sensorielle complète; elle est d'ailleurs hypnotisable en sommeil profond.

A l'état de veille, elle subit la catalepsie ou contracture suggestive. Sans l'endormir, sans la toucher, je produis chez elle le transfert de l'hémianesthésie de gauche à droite.

Je lui dis : « Vous allez sentir de nouveau dans le bras et la main gauches; la sensibilité va revenir complètement »; je fixe impérieusement son attention sur ce retour de sensibilité. Au bout de trois minutes, elle sent une douleur vive à l'épaule; à ce moment, l'épaule est sensible, l'avant-bras ne l'est pas encore, l'épaule droite est insensible ; la douleur s'irradie rapidement du centre à la périphérie, le long du bras jusque dans les doigts, puis disparaît. Cela dure de quelques secondes à un quart de minute. Le retour de la sensibilité accompagne l'irradiation douloureuse. La sensibilité est restaurée complètement dans le membre supérieur gauche ; elle est abolie dans le membre supérieur droit ; un transfert s'est opéré ; ce transfert n'a pas été suggéré ; la restauration seule de la sensibilité à gauche a été suggérée.

J'opère de même, soit simultanément, si la suggestion est assez impérieuse, soit successivement, si la suggestion est moins impérieuse ou moins efficace, le transfert dans les membres inférieurs : les sensibilités spéciales, odorat, goût, vision, audition, ont subi le plus souvent du même coup, et sans suggestion spéciale pour elles, le même transfert de gauche à droite.

On peut immédiatement provoquer de nouveau le transfert en sens opposé et ainsi de suite, autant de fois qu'on le veut.

Je puis produire la sensibilité croisée dans le membre supérieur gauche et le membre inférieur droit, par exemple, et *vice versâ*, les autres membres restant anesthésiques.

En accentuant avec force la suggestion et soutenant, ce qui est quelquefois, mais pas toujours possible, l'attention de la malade sur ses deux bras et ses deux jambes, je provoque le retour de la sensibilité sans transfert ; les deux côtés alors sont sensibles. Si, au contraire, la suggestion est insuffisante, l'irradiation douloureuse et la sensibilité s'arrêtent à moitié chemin ; le bras et la moitié supérieure de l'avant-bras, par exemple, restent seuls sensibles, le poignet et la main restant anesthésiques.

L'anesthésie se produit plus vite que la restauration de la sensibilité : celle-ci exige au moins une minute ; celle-là s'obtient instantanément. Je pique la main gauche avec une épingle, la malade réagit vivement (ses yeux étant fermés pour éviter toute supercherie) ; je lui dis : « Vous ne sentez plus rien », et je pique de nouveau : analgésie complète immédiate.

Le transfert ou le retour complet de la sensibilité peut être effectué par un autre procédé, plus efficace encore, et qui incarne pour ainsi dire le rétablissement fonctionnel dans un phénomène visible et tangible.

Je fais lever le bras anesthésié, la main fermée ; le membre reste en catalepsie. Je dis alors : « Votre main va s'ouvrir, le bras va tomber et vous sentirez de nouveau. » Au bout d'une demi-minute à une minute, la main s'ouvre brusquement, comme par une secousse électrique douloureuse ; le transfert de sensibilité s'est opéré. En même temps, si je l'ai suggéré, s'établit un transfert de contracture ; l'autre main se ferme et le bras se cataleptise.

Au lieu de contracter les mains en flexion, je les contracte en extension, ouvertes, et je suggère l'occlusion des mains ; le même effet se produit.

J'empêche le transfert, je restaure la sensibilité dans le membre

anesthésié, tout en la maintenant dans le membre sain, par le procédé suivant : je lève les deux bras et les deux jambes, et je les
maintiens en catalepsie, mains fermées ; alors je dis : « Vos mains
vont s'ouvrir, vos jambes vont tomber et vous sentirez partout. »
Après quelques instants, les mains s'ouvrent, les jambes tombent,
la sensibilité est générale.

Enfin, si pendant que j'opère ces phénomènes suggestifs, je
dis et je répète avec autorité : « La sensibilité revient sans douleur,
vous n'avez aucune douleur » ; la malade recouvre sa sensibilité
sans secousses ni irradiations douloureuses.

J'ajoute qu'au bout d'un temps variable, l'hémianesthésie gauche se reconstitue spontanément.

Toutes ces expériences, je les ai faites et répétées journellement pendant plusieurs semaines devant les élèves, devant plusieurs confrères et collègues qui ont pu les contrôler, comme ils
ont contrôlé tous les faits que j'ai relatés, et ceux que j'aurai
encore à relater.

De cette observation faut-il conclure que la métallothérapie et
la magnétothérapie ne sont qu'une thérapeutique suggestive,
comme le prétendent les médecins anglais ; que l'attention expectante est tout, que l'aimant ou le métal n'est rien ? Je ne le pense
pas ; j'ai pu m'assurer que l'aimant possède une vertu esthésio-
gène propre, indépendante de toute suggestion. Rappelons seulement le fait suivant que j'ai publié dans la *Revue médicale de
l'Est* (1881, page 579).

Chez une femme atteinte d'hémianesthésie sensitivo-sensorielle
droite d'origine cérébrale depuis quatre ans, j'ai restauré la sensibilité générale et les sensibilités spéciales par l'application prolongée des aimants : seule la muqueuse linguale restait anesthésiée du côté droit et ne percevait pas le goût de la coloquinte ;
après avoir attendu plusieurs jours en vain le retour spontané de
cette sensibilité, j'ai appliqué sur la muqueuse linguale de l'écorce
de quinquina qu'elle a gardée pendant une journée pour faire
appel au goût, affirmant en même temps à la malade que le goût
allait revenir ; l'anesthésie sensitive et sensorielle de la langue
resta absolue. Enfin plusieurs jours après, j'ai confié à la malade
un aimant en fer à cheval, l'invitant à le mettre sur sa langue, ce
dont elle ne parut pas beaucoup se soucier, ne croyant plus à son
efficacité. Au bout de quelques heures, la fonction était rétablie.

D'autre part, j'ai pu, par l'application prolongée des aimants, guérir l'hémianesthésie d'origine cérébrale chez des sujets dont l'intelligence obnubilée ne paraissait pas compatible avec l'attention expectante.

Cela dit, je reviens aux phénomènes suggestifs. Chez un de mes somnambules dont j'ai relaté l'histoire, j'obtiens aussi à l'état de veille toutes les modifications possibles de sensibilité. Il me suffit de dire : « Votre côté gauche est insensible » ; si alors je pique avec une épingle le bras gauche, si j'introduis celle-ci dans sa narine, si je touche sa muqueuse oculaire, si je chatouille son pharynx, il ne sourcille pas ; l'autre côté réagit. Je transfère l'anesthésie de gauche à droite ; je produis l'anesthésie totale, je la produis si profonde, qu'un jour mon chef de clinique lui a enlevé cinq racines dentaires fortement enclavées, torturant les alvéoles pendant plus de 10 minutes. Je lui disais simplement : « Vous ne sentez absolument rien. » Il crachait son sang en riant, ne manifestant pas la moindre impression douloureuse.

Ce sujet reçoit d'ailleurs toutes les suggestions, sans être endormi. Il marche. Je lui dis : « Vous ne pouvez plus avancer » ; il reste cloué sur place. Je lui dis : « Faites tous vos efforts pour avancer, vous ne pouvez pas » ; il incline son corps en avant, mais ne parvient pas à détacher les pieds du sol. Je provoque chez lui, toutes les attitudes, toutes les contractures que je veux et qu'il garde indéfiniment. Il reçoit toutes les hallucinations suggérées ; je lui dis : « Allez à votre lit, vous y trouverez un panier de fraises. » Il y va, trouve le panier imaginaire, le tient par l'anse, mange les fraises, absolument comme nous l'avons vu faire après hypnotisation.

G. Théophile est un jeune garçon, âgé de 14 ans, entré au service pour une néphrite catarrhale dont il a guéri rapidement. C'est un garçon lymphatique, intelligent, ayant une bonne instruction primaire, ne présentant d'ailleurs aucun trouble nerveux. Je l'ai endormi 4 ou 5 fois ; il entre en somnambulisme, accomplit tous les actes suggérés pendant le sommeil, n'a aucun souvenir au réveil, est susceptible d'hallucinations post-hypnotiques.

A l'état de veille, je détermine chez lui de la catalepsie suggestive des membres supérieurs, des mouvements automatiques des bras l'un autour de l'autre, sans qu'il puisse arrêter ce mouvement, comme dans les exemples cités.

Je n'insiste que sur les phénomènes de sensibilité. Après m'être assuré que normalement sa sensibilité est parfaite, que ses deux mains réagissent vivement aux piqûres d'épingle, je dis : « Ta main droite ne sent pas, ta main gauche seule sent » ; et j'enfonce l'épingle dans la main droite, elle ne réagit pas, tandis que l'autre manifeste l'impression douloureuse. Je dis ensuite : « Mais non, c'est ta main gauche qui ne sent pas. » Et instantanément le phénomène se réalise : la main droite sent de nouveau. Je provoque de même l'anesthésie de la face, des narines, etc. Les organes des sens peuvent être influencés aussi par affirmation. Je constate que sa vision est normale ; et je lui dis : « Tu vois très bien et très loin de l'œil gauche ; tu vois mal et seulement de très près de l'œil droit. » Je lui fais lire ensuite des caractères d'imprimerie de 2 millimètres de hauteur ; l'œil gauche les lit à 80 centimètres de distance, l'œil droit seulement a 24 centimètres.

J'opère le transfert par suggestion, en disant : « L'œil droit voit très bien, l'œil gauche ne voit que de très près. » L'œil droit lit à 80 centimètres, l'œil gauche à 24. Cette distance n'est lue sur le mètre que quand il dit voir nettement.

Son ouïe est très bonne ; l'oreille droite entend le tic tac d'une montre à 94 centimètres, l'oreille gauche à 87.

Je lui dis : « Tu entends très bien et très loin de l'oreille gauche, mais ton oreille droite entend difficilement et seulement de très près. » Je mesure la distance à laquelle est perçu le tic tac de la montre et j'obtiens 87 pour l'oreille gauche, et 2 centimètres seulement pour l'oreille droite. Je suggère le transfert, qui se produit. Ces mensurations sont prises par mon chef de clinique, pendant que je tiens les yeux de ce jeune garçon hermétiquement fermés, ce qui me paraît exclure toute cause d'erreur.

Je suggère une surdité complète unilatérale ; il dit ne pas entendre la montre appliquée contre l'oreille ; je transfère la surdité de l'autre côté. Je suggère une surdité complète bilatérale : il affirme ne pas entendre le tic tac de la montre mise sur les deux oreilles ; quand je lui ai restitué son ouïe, il dit n'avoir pas perçu le moindre bruit pendant que je parlais et avoir lu sur mes lèvres ce que je voulais dire. Sans doute ici le contrôle fait défaut ; je ne puis invoquer que l'assertion du malade.

G. Marie, âgée de 51 ans, blanchisseuse, est dans mon service clinique pour des symptômes d'ataxie locomotrice ; elle a une arthropathie du genou gauche, des douleurs fulgurantes qui ont cédé à l'hypnotisme ; elle marche bien avec sa jambe droite et un appareil inamovible emboîtant le genou malade. C'est une femme intelligente, vive, impressionnable, n'ayant jamais eu de troubles hystériformes. Elle est hypnotisable en sommeil profond et susceptible d'hallucinations post-hypnotiques.

Je produis chez elle, à l'état de veille, de la catalepsie, des mouvements automatiques et de l'anesthésie. Je ne veux parler que de l'anesthésie. Après avoir constaté que sa sensibilité est partout intacte, je lui dis : « Vous ne sentez plus absolument rien au membre supérieur droit ; il est comme mort » ; elle ne réagit plus à la piqûre d'épingle ; les yeux fermés, elle ne sait pas si son bras est en l'air ou au lit ; le sens musculaire est aboli. *Pour exclure toute idée de supercherie*, je me suis servi d'un chariot de Dubois-Raymond, variant l'intensité du courant en éloignant ou rapprochant l'une de l'autre la bobine inductrice de la bobine induite. Une règle, graduée en centimètres, indique le degré d'écartement des bobines. Or, j'ai constaté préalablement que le fourmillement électrique est perçu par cette malade quand l'écartement est de 5 ; et que la douleur devient insupportable, la malade retire vivement son bras, quand cet écartement est de 3 à 2 ; ces chiffres restent absolument les mêmes quand on lui ferme les yeux hermétiquement, de façon qu'elle ne puisse pas voir le degré d'écartement ; et j'ai fait cette constatation plusieurs fois. J'ai établi par là que la douleur est perçue réellement, et n'est pas simulée.

Cela posé, je provoque l'anesthésie par affirmation, et je place la pince électrique sur le bras, avec le courant maximum en recouvrant la bobine inductrice par l'induite. La perception douloureuse ainsi produite normalement est absolument insupportable ; la simulation d'une pareille analgésie, disait mon collègue, M. Victor Parisot, qui a bien voulu contrôler cette expérience, serait plus merveilleuse que la production de l'analgésie. Or, la malade ne manifeste aucune réaction, affirme ne pas sentir son bras, garde la pince électrique sur lui indéfiniment, jusqu'à ce que je dise : « Le bras est de nouveau sensible. » Au bout d'une seconde, elle le retire vivement. Je produis la même analgésie par affirmation, sur tous les points du corps. Cette expérience avec contrôle a été répétée devant plusieurs collègues ; je la reproduis chaque fois que je passe devant la malade.

Pour terminer ce chapitre, je rapporterai encore le fait suivant, qui appartient à un ordre d'idées que j'aborderai plus tard, celui de la thérapeutique suggestive.

Un jeune homme présenté par M. le Dr Spillmann à la Société

de médecine de Nancy, syphilitique et porteur de végétations considérables à la verge, présentait des accidents hystériformes intéressants, entre autres une amblyopie persistante de l'œil gauche. Sous l'influence d'une bobine à aimantation interrompue par un courant électrique, *imaginée et expérimentée par mon collègue* M. Charpentier, l'acuité visuelle réduite à $\frac{1}{5}$ redevint normale et le champ visuel augmenta de 10 à 25 degrés dans tous ses méridiens.

La suggestion hypnotique consécutive élargit encore davantage (de 8 à 10 degrés) chacun des méridiens. Ce résultat s'était maintenu au bout de 7 jours.

Voulant voir alors, avec mon collègue, ce que produirait la suggestion à l'état de veille, liée à un simulacre d'aimantation, nous appliquâmes la bobine sur la tempe, sans y faire passer le courant, pendant environ 50 minutes : or, le champ visuel, mesuré par M. Charpentier, avait gagné **7** degrés en dedans, **25** en dehors, **20** en dehors et en bas; son étendue était supérieure à celle que l'on donne comme normale.

En regard de ces faits expérimentaux, je place sans commentaires la citation suivante empruntée au Dr Charpignon [1] :

« Parmi les martyrs du christianisme, beaucoup échappaient à la douleur par le ravissement de l'extase qui survenait par l'ardeur de leur foi, phénomène bien remarqué de leurs bourreaux qui redoublaient de fureur et d'inventions de supplice. De même, lors des tortures de la question légale, certains individus devenaient insensibles sous l'influence de leur foi dans la vertu somnifère de quelque talisman. A ce sujet, je citerai le passage suivant extrait des *Secrets merveilleux de la magie naturelle et cabalistique* (in-12, Lyon, 1629) : « *Des scélérats se fiaient si fort* « *à des secrets qu'ils avaient de se rendre insensibles à la gêne,* « *qu'ils se constituaient volontairement prisonniers pour se pur-* « *ger de certaines présomptions. Il y en a qui se servent de cer-* « *taines paroles prononcées à voix basse, et d'autres de petits* « *billets qu'ils cachent en quelque partie de leur corps... Le pre-* « *mier que je reconnus se servir de ces sortes de charmes nous* « *surprit par sa constance qui était au-dessus de nature, car,* « *après la première serre de la gêne, il parut dormir aussi tran-* « *quillement que s'il eût été dans un bon lit, sans se lamenter,* « *plaindre, ni crier ; et, quand on eut continué la serre deux ou*

1. Charpignon, *Études sur la médecine animique et vitaliste.* Paris, 1864.

« trois fois, il demeura immobile comme une statue de marbre,
« ce qui nous fit soupçonner qu'il était muni de quelque enchan-
« tement, et pour en être éclairci, on le fit dépouiller nu comme
« la main, et, après une exacte recherche, on ne trouva autre
« chose sur lui qu'un petit papier où était la figure des trois rois,
« avec ces paroles sur le revers : « Belle étoile qui as délivré les
« mages de la persécution d'Hérode, délivre-moi de tout tour-
« ment. » Ce papier était fourré dans son oreille gauche. Or,
« quoiqu'on lui eût ôté ce papier, il ne laissa pas d'être insensible
« aux tourments, parce que lorsqu'on l'y appliquait, il prononçait
« à voix basse entre ses dents certaines paroles qu'on ne pouvait
« entendre, et comme il persévéra dans les négations, on fut
« obligé de le renvoyer en prison. »

CHAPITRE VI.

Aperçu historique. — Mesmer et le mesmérisme. — Sa condamnation par les corps
savants. — Rapport de Husson. — L'abbé Faria et le sommeil par suggestion.
— Doctrine d'Alexandre Bertrand. — Expériences et doctrine fluidique du général Noizet. — Deuxième période : Braid et le braidisme. — Analyse de la doctrine. — Grimes et l'électro-biologie en Amérique et en Angleterre. — Expériences et doctrine de Durand, de Gros. — De la médecine morale du docteur
Charpignon; sa doctrine fluidique. — Du braidisme en France : communication
du professeur Azam. — Essais d'application à l'anesthésie chirurgicale. — Expériences et doctrine du Dr Liébeault, de Nancy : le sommeil hypnotique assimilé
au sommeil ordinaire. — De l'hypnotisme chez les animaux : Kircher, Czermak,
Preyer, Wilson, Beard. — Du somnambulisme provoqué en France : expériences
de Charles Richet. — Du sommeil provoqué chez les hystériques : expériences
de Charcot, de Dumontpallier. — De l'hypnotisme chez l'homme en Allemagne :
expériences du magnétiseur danois Hansen; théories physiologiques de Rumpf,
chimique de Preyer, psycho-physiologique de Schneider, Berger, Heidenhain. —
Doctrine de Prosper Despine.

J'ai exposé les phénomènes tels que je les ai observés, tels que
tous ceux qui voudront répéter ces expériences pourront les observer aussi ; je n'ai dit que ce que j'ai vu, confirmé, contrôlé et
fait contrôler par d'autres nombre de fois. Rien de ce que j'ai

vu, j'ai hâte de l'ajouter, ne me paraît contraire aux conceptions physiologiques et psychologiques que la science a établies jusqu'à ce jour. Du merveilleux, tel que la lucidité, la prévision de l'avenir, la vision intérieure, la vision à distance ou à travers les corps opaques, la transposition des sens, l'instinct des remèdes, est-il besoin de dire que je n'en ai pas vu?

Longtemps la vérité a été noyée dans un flot de pratiques nébuleuses et d'insanités chimériques, si bien que l'histoire du magnétisme apparaît comme une des plus grandes divagations de l'esprit humain. Les hommes de science ont rejeté ce qui était la négation de la raison : la science classique a repoussé ce qui n'était pas de son domaine. Un charlatanisme éhonté, achevant le discrédit, a seul continué à exploiter la crédulité publique.

Tout n'était pas nul cependant dans les folles et orgueilleuses conceptions du mesmérisme; quelques gens sérieux ont persisté à voir un grain de vérité au milieu des erreurs, à discerner la bonne graine de l'ivraie. Aujourd'hui, le magnétisme est mort, comme l'alchimie ; mais la suggestion hypnotique est née du magnétisme, comme la chimie est née de l'alchimie.

Je ne reviendrai pas sur l'histoire de Mesmer et du mesmérisme. Elle a été écrite par Figuier, par Bersot; elle est tracée de main de maître par M. Dechambre dans le *Dictionnaire encyclopédique des sciences médicales*. Qui ne connaît les baquets de Mesmer, les malades en silence formant plusieurs rangs autour de ces baquets, le courant animal du magnétiseur se rencontrant avec celui de la cuve et déterminant, au bout d'un temps variable, des troubles nerveux divers, hystériformes, ou analogues à ceux du somnambulisme, véritables scènes de convulsionnaires? Et la doctrine d'un fluide dit magnétique universellement répandu, susceptible de recevoir, propager et communiquer toutes les impressions du mouvement par lequel s'exerce une influence mutuelle entre les corps célestes, la terre et les corps animés! Les corps savants, l'Académie des sciences, la Société royale de médecine, condamnèrent, après examen, les doctrines nouvelles. « Au point de vue de l'effet curatif, disait la dernière, le magnétisme animal n'est que l'art de faire tomber en convulsion les personnes sensibles; au point de vue de l'effet curatif, le magnétisme est inutile ou dangereux. »

Malgré le discrédit que le charlatanisme intéressé de Mesmer

jetait sur ses pratiques, le magnétisme conserva des adeptes ;
il ne tarda pas d'ailleurs à se transformer chez ses élèves. Le
plus célèbre de tous, le marquis de Puységur, magnétisait par
des mouvements exécutés à la main, par l'attouchement, par des
baguettes de verre, par l'influence d'un arbre magnétisé; par ces
manœuvres variées, il produisait en réalité l'état connu sous le
nom de somnambulisme, dont la vraie connaissance paraît se
rattacher à son nom. L'action de la volonté sur le principe vital,
foyer d'électricité, c'est-à-dire de mouvement, voilà pour lui
l'essence du magnétisme animal.

De nombreuses sociétés magnétiques se fondèrent peu à peu
dans les principales villes de France ; celle de Strasbourg, la
Société de l'Harmonie, composée de plus de cent cinquante
membres, publia pendant quelques années le résultat de ses
travaux.

Les bouleversements de la période révolutionnaire et les guer-
res de l'Empire entraînèrent les esprits vers d'autres idées ; cependant d'innombrables livres et mémoires pour et contre le
magnétisme continuèrent à émouvoir l'opinion.

Le calme et l'ordre rétablis, la question reprit un nouvel essor.
Des cours publics sont institués ; le monde officiel et les sociétés
savantes se montrent moins hostiles. En 1820, des expériences
sont faites par Dupotet à l'Hôtel-Dieu, puis à la Salpêtrière. En
1825, le Dr Foissac envoya une note aux deux Académies des
sciences et de médecine, pour les appeler à se prononcer. Celle-ci,
à sa demande, recommence l'examen du magnétisme animal. Au
bout de six ans, le rapport, confié à Husson, fut lu à l'Académie,
le 21 et le 28 juin 1831. « Les conclusions favorables de ce rapport donnent, dit Dechambre, une idée générale du magnétisme,
tel que l'avaient fait, vers 1831, l'action du temps et les nombreuses épreuves par lesquelles il avait passé. »

Aujourd'hui, que la question paraît se dégager des nuages
théoriques et charlatanesques qui l'ont longtemps obscurcie, il
est intéressant de relire les conclusions de ce remarquable rapport qui contient et apprécie sainement la plupart des faits, tels
que nous les avons décrits.

Voici quelques-unes des conclusions :

Le contact des pouces et des mains, les frictions ou certains gestes
que l'on fait, à peu de distance du corps et appelés passes, sont les

moyens employés pour se mettre en rapport, ou, en d'autres termes, pour transmettre l'action du magnétiseur au magnétisé.

Le temps nécessaire pour transmettre et faire éprouver l'action magnétique a duré depuis une demi-heure jusqu'à une minute.

Lorsqu'on a fait tomber une fois une personne dans le sommeil du magnétisme, on n'a pas toujours besoin de recourir au contact et aux passes pour la magnétiser de nouveau. Le regard du magnétiseur, sa volonté seule, ont sur elle la même influence.

Il s'opère ordinairement des changements plus ou moins remarquables dans les perceptions et les facultés des individus qui tombent en somnambulisme par l'effet du magnétisme.

a) Quelques-uns, au milieu du bruit de conversations confuses, n'entendent que la voix de leur magnétiseur; plusieurs répondent d'une manière précise aux questions que celui-ci ou les personnes avec lesquelles on les a mis en rapport leur adressent; d'autres entretiennent des conversations avec toutes les personnes qui les entourent; toutefois, il est rare qu'ils entendent ce qui se passe autour d'eux. La plupart du temps, ils sont complètement étrangers au bruit extérieur et inopiné fait à leurs oreilles, tel que le retentissement des vases de cuivre frappés près d'eux, la chute d'un meuble, etc.

b) Les yeux sont fermés, les paupières cèdent difficilement aux efforts qu'on fait avec la main pour les ouvrir; cette opération, qui n'est pas sans douleur, laisse voir le globe de l'œil convulsé vers le haut et quelquefois vers le bas de l'orbite.

c) Quelquefois, l'odorat est comme anéanti. On peut leur faire respirer l'acide muriatique ou l'ammoniaque, sans qu'ils en soient incommodés, sans même qu'ils s'en doutent. Le contraire a lieu dans certains cas, et ils sont sensibles aux odeurs.

d) La plupart des somnambules que nous avons vus étaient complètement insensibles. On a pu leur chatouiller les pieds, les narines et l'angle des yeux par l'approche d'une plume, leur pincer la peau de manière à l'ecchymoser, la piquer sous l'ongle avec des épingles enfoncées à l'improviste à une assez grande profondeur, sans qu'ils s'en soient aperçus. Enfin, on en a vu une qui a été insensible à une des opérations les plus douloureuses de la chirurgie, et dont la figure, ni le pouls, ni la respiration, n'ont pas dénoté la plus légère émotion.

Nous n'avons pas vu qu'une personne magnétisée pour la première fois tombât en somnambulisme. Ce n'a été quelquefois qu'à la huitième ou dixième séance que le somnambulisme s'est déclaré.

A leur réveil, ils disent avoir oublié totalement toutes les circonstances de l'état de somnambulisme et ne s'en ressouvenir jamais. Nous ne pouvons avoir à cet égard d'autre garantie que leurs déclarations.

Pour établir avec justesse les rapports du magnétisme avec la thérapeutique, il faudrait en avoir observé les effets sur un grand nombre

d'individus, etc. Cela n'ayant pas eu lieu, la commission a dû se borner
à dire ce qu'elle avait vu dans un trop petit nombre de cas pour oser
rien prononcer.

Quelques-uns des malades magnétisés n'ont ressenti aucun bien.
D'autres ont éprouvé un soulagement plus ou moins marqué, savoir :
l'un, la suspension des douleurs habituelles ; l'autre, le retour des
forces ; un troisième, un retard de plusieurs mois dans l'apparition des
accès épileptiques ; et un quatrième, la guérison complète d'une paralysie grave et ancienne.

Considéré comme agent de phénomènes physiologiques, ou comme
moyen thérapeutique, le magnétisme devrait trouver sa place dans le
cadre des connaissances médicales, et par conséquent les médecins devraient seuls en faire et en surveiller l'emploi, ainsi que cela se pratique
dans les pays du Nord.

L'Académie n'osa imprimer le rapport de Husson ; elle lui
laissa la responsabilité de ses opinions ; l'honnêteté du rappor-
teur défiait tout soupçon : un certain renom de crédulité resta
attaché à sa personne.

Quelques années plus tard, en 1837, un magnétiseur nommé
Berna fit, devant une nouvelle commission nommée par l'Académie, des expériences relatives à la transposition de la vue ; elles
ne convainquirent personne. Dubois fit un rapport négatif. Un
autre de ses membres, Burdin aîné, offrit un prix de 3,000 francs
à la personne qui aurait la faculté de lire sans le secours des yeux
et de la lumière. Les prétendants vinrent ; le prix ne fut pas gagné. Et à partir du 1er octobre 1840, date de la clôture du concours, l'Académie décide qu'elle ne répondra plus aux commu-
nications concernant le magnétisme animal. Cette fois-ci encore,
la vérité contenue dans le rapport de Husson était noyée dans
l'absurdité chimérique du merveilleux.

Nous arrivons maintenant à la seconde période de l'histoire du
magnétisme animal. La doctrine du fluide magnétique, considéré soit comme un fluide universel, soit comme une émanation
de l'organisme humain, chaleur ou électricité animale, n'avait
pu résister à l'observation scientifique. L'influence de l'imagination
sur la production des phénomènes avait frappé tous les com-
missaires des sociétés savantes. Deslon lui-même, le premier
élève de Mesmer, avait écrit en 1780 : « Si M. Mesmer n'avait
d'autre secret que celui de faire agir l'imagination efficacement
pour la santé, n'en aurait-il pas toujours un bien merveilleux ?

car si la médecine d'imagination était la meilleure, pourquoi ne ferions-nous pas la médecine d'imagination ? »

Vers 1815, un abbé indien-portugais venu des Indes, devenu célèbre sous le nom d'abbé Faria, professait dans des discours de forme bizarre, empreints d'idées mystiques, que la cause du somnambulisme réside dans le sujet et non dans le magnétiseur, contre la volonté duquel le sommeil peut se produire. Chaque jour il réunissait chez lui une soixantaine de personnes ; il tentait ses expériences sur huit ou dix d'entre elles et dans ce nombre, une, deux, quelquefois plus, tombaient en somnambulisme [1].

La personne à magnétiser étant assise dans un fauteuil, il l'engageait à fermer les yeux et à se recueillir. Puis, tout à coup, d'une voix forte et impérative, il disait : « Dormez », répétant s'il le fallait cet ordre trois ou quatre fois. Le sujet, après une légère secousse, tombait quelquefois dans l'état que Faria désignait sous le nom de sommeil lucide.

La doctrine de la suggestion était créée, au moins comme mécanisme de la production du sommeil, sinon comme interprétation des phénomènes dits lucides manifestés dans ce sommeil.

1. Voici ce que dit de lui le général Noizet : « Cet homme, doué à bien des égards d'un esprit supérieur, était l'abbé Faria. Tout Paris a pu voir ses expériences. Peu de personnes, cependant, sont restées convaincues. On l'a flétri du nom de charlatan, et alors tout a été examiné, tout a été dit. Bien des gens ne venaient chez lui qu'une seule fois, persuadés d'avance qu'ils verraient des tours d'adresse, et ils regardaient comme des compères toutes les personnes sur lesquelles les expériences réussissaient. S'il arrivait que dans une société de plusieurs personnes, une d'entre elles éprouvât quelques effets, s'endormît et devînt somnambule, ce résultat étonnait d'abord ceux qui ne pouvaient douter de sa réalité, puis après, l'impression devenait moins forte, et la puissance du mot charlatan était tellement grande que bientôt on oubliait tout ce qu'on avait vu et que la personne même qui avait éprouvé ces effets se faisait illusion comme les autres, et finissait par croire que rien d'extraordinaire ne s'était passé en elle. La honte souvent d'avoir quelque chose de commun avec un homme appelé charlatan, faisait nier la vérité, et l'on osait assurer qu'on s'était fait un jeu de tromper l'assemblée et le jongleur lui-même. Ce que j'avance ici ne doit pas étonner quiconque connaît les faiblesses du cœur humain, et j'en ai été d'autant plus frappé que j'ai eu l'occasion de le vérifier par moi-même. Un jour enfin, il arriva qu'en effet un acteur joua le somnambulisme et trompa l'abbé Faria. Dès ce moment, on cria plus fort encore au charlatanisme, comme si le fait d'un charlatan était de s'exposer à de semblables méprises et de se laisser prendre ainsi par un inconnu. On cessa de suivre ses expériences et ce fut un ridicule que d'y croire. J'y crois cependant, et jamais je ne rougirai de proclamer la vérité. Je ne me déclare pas le champion de l'abbé Faria que j'ai connu à peine, j'ignore quelle pouvait être sa moralité, mais je suis certain qu'il produisait les effets que j'ai rapportés. »

En 1819, un ancien élève de l'École polytechnique, docteur en médecine, Alexandre Bertrand, annonça un cours public sur le magnétisme animal. Il attribuait alors tous les effets observés aux propriétés d'un fluide magnétique ; il était mesmériste.

A la même époque, un officier devenu le général Noizet, disciple de l'abbé Faria, vivement frappé des faits qu'il avait vus, n'admettait pas de fluide, ne reconnaissant d'autre puissance que celle de l'imagination, celle de la conviction de la personne qui ressent les effets.

Il se lia avec Bertrand qu'il finit par convertir à ses idées. « Trop peut-être, ajoute le général Noizet, en ce sens qu'il rejette le peu même de ce que j'avais pris de son système. »

Les idées définitives de Bertrand furent exposées dans son *Traité du somnambulisme et des différentes modifications qu'il présente*, écrit en 1823. La cause des phénomènes serait due à une forme particulière d'exaltation nerveuse, que l'auteur désigne sous le nom d'extase ; c'est elle qui fait les possédées de Loudun, les magnétisés au baquet de Mesmer, les somnambules. L'insensibilité, l'inertie morale, l'oubli au réveil, l'instinct du remède, la communication des pensées, la vue sans le secours des yeux, l'exaltation de l'imagination caractérisent cet état nerveux.

Chose singulière ! Le général Noizet, tandis qu'il ralliait Bertrand à ses premières conceptions, ne tarda pas lui-même, dominé par ses idées spiritualistes, cherchant à concilier les deux opinions divergentes, fluidiste et antifluidiste, à retomber dans la doctrine fluidiste. C'est par l'hypothèse d'un fluide vital que l'auteur explique les phénomènes intéressants qu'il relate dans un mémoire adressé en 1820 à l'Académie royale de Berlin (*Mémoire sur le somnambulisme et le magnétisme animal*. Paris, 1854). Toujours fidèle à ses convictions, le général Noizet, âgé de 91 ans, habite Charleville.

Si la doctrine de la suggestion a eu des précurseurs, elle n'a été définitivement établie et démontrée qu'en 1841 par James Braid, de Manchester. C'est à lui qu'est due la découverte de l'hypnotisme, et les mots de *braidisme, suggestion braidique*, sont restés dans la science pour consacrer la doctrine nouvelle qui s'est élevée en face du mesmérisme.

Braid a prouvé qu'il n'existe aucun fluide magnétique, aucune

1. BRAID, *Neurypnologie*. Traduit de l'anglais, par Jules Simon, avec préface de Brown-Séquard. Paris, 1883.

force mystérieuse émanant de l'hypnotiseur ; l'état hypnotique et les phénomènes qu'il comporte ont leur source *purement subjective* qui est dans le système nerveux du sujet lui-même. La fixation d'un objet brillant avec fatigue des releveurs de la paupière supérieure et concentration de l'attention sur une idée unique détermine le sommeil ; les sujets peuvent s'y plonger eux-mêmes sans influence extérieure par leur propre tension d'esprit. Dans cet état, son imagination devient si vive, que toute idée développée spontanément ou suggérée par une personne à laquelle il accorde d'une façon particulière attention et confiance, prend chez lui toute la force de l'actualité, de la réalité. Plus on provoque ces phénomènes fréquemment, plus il devient facile et commode de les provoquer ; telle est la loi de l'association et de l'habitude. La volonté de l'hypnotiseur, si elle n'est pas exprimée par la parole, ses gestes, s'ils ne sont pas compris par le sujet, ne déterminent aucun phénomène. L'attitude qu'on donne à l'hypnotisé, l'état dans lequel on met les muscles des membres ou de la face, peuvent faire naître chez lui les sentiments, les passions, les actes correspondant à ces attitudes anatomiques, de même que la suggestion de certains sentiments ou passions crée l'attitude ou l'expression mimique corrélative.

Cette partie de l'œuvre de Braid reste inattaquable : l'observation la confirme de tous points. En est-il de même de ses expériences phréno-hypnotiques, alors qu'il prétend, par la manipulation du cou et de la face, exciter certaines manifestations corporelles et mentales, suivant les parties touchées, stimuler ainsi par l'intermédiaire des nerfs sensibles de la tête, des organes localisés du cerveau, correspondant aux diverses passions, la bienveillance, l'imitation, le vol, etc.

Je pense, avec Brown-Séquard, « que Braid ne s'est pas mis à l'abri des causes provenant de suggestions, lorsqu'il a cru trouver chez ses hypnotisés des preuves de la vérité des doctrines phrénologiques. Pour ceux qui savent qu'un seul mot prononcé à distance suffisante d'un hypnotisé peut lui suggérer toute une série d'idées, ou développer les *sentiments* ou les *actions* les plus variées, il est facile de comprendre comment Braid a commis les fautes que je signale [1]. »

Il me semble d'ailleurs que Braid, à la fin de son existence, a

[1]. Préface au *Traité du sommeil nerveux ou hypnotisme*, par James Braid. Traduit de l'anglais par Jules Simon. Paris, 1883.

conçu un doute concernant ses expériences antérieures relatives au phréno-hypnotisme. Dans son dernier mémoire adressé à l'Académie des sciences en 1860, à l'occasion des expériences d'Azam et de Broca, mémoire remarquable et qui résume son œuvre, il passe sous silence ses recherches phréno-hypnotiques ; il se contente de dire que ses *expériences sur les phénomènes passionnels provoqués par le contact du cuir chevelu le conduisirent à conclure que les résultats obtenus ne prouvaient, ni n'infirmaient l'organologie phrénologique :* il explique son erreur relative à une corrélation supposée par lui entre le tégument frontal et la mémoire, par ce fait que l'attouchement du front chez l'hypnotisé détermine une suggestion plus efficace, en dissipant la distraction et les rêveries, ce qui lui permet de fixer davantage son attention *sur la question et d'y répondre correctement.*

Les expériences de Braid ne firent pas grand bruit en Angleterre ; en France, elles furent à peine connues.

C'est en Amérique que la doctrine du magnétisme allait reparaître sous un nouveau nom. Vers 1848, un habitant de la Nouvelle-Angleterre, Grimes, sans avoir eu connaissance, paraît-il, de la découverte de Braid, produisit des phénomènes analogues ; il montra de plus que chez certains sujets ces phénomènes pouvaient s'obtenir à l'état de veille par simple suggestion vocale, ce que Braid avait déjà signalé en 1846, dans un mémoire intitulé : *The power of the mind over the body.* La motricité, les sensations, les passions, et jusqu'à l'exercice des fonctions *organiques* peuvent être modifiés sans hypnotisme préalable par une volonté étrangère.

Cette doctrine, désignée par Grimes sous le nom d'*électrobiologie,* fut propagée aux Etats-Unis par une multitude de professeurs dont la plupart, dit le Dr Philipps, à qui j'emprunte ces détails sur l'électro-biologie, n'étaient malheureusement pas à la hauteur d'une mission scientifique. Le Dr Dods prononça, en 1850, devant le Congrès des États-Unis, douze lectures sur cette question de « psychologie électrique », pour répondre à une invitation semi-officielle signée par sept membres du Sénat ; il les publia sous le titre : *The Philosophy of Electrical psychology,* etc., New-York.

La nouvelle méthode aurait été appliquée avec succès à produire l'insensibilité dans les opérations chirurgicales ainsi qu'au traitement des maladies.

Elle pénétra en Angleterre vers 1850. Le docteur Darling en fut un des premiers propagateurs. L'électro-biologie fit oublier un instant l'hypnotisme; mais on ne tarda pas à reconnaître que les phénomènes de veille prenaient place à côté de la découverte de Braid; et les savants les plus distingués de l'Angleterre, J. H. Bennet, Simpson, Carpenter, Alison, Gregory, le Dr Holland, le physicien David Brester, le psychologiste Dugald Stewart, publièrent de nombreuses observations confirmatives.

En France, toutes ces recherches laissèrent le public indifférent : la médecine officielle ne connut ni le braidisme, ni l'électrobiologie. Seul, le Dr Durand, de Gros, sous le nom de docteur Philipps [1] appela l'attention des médecins et des savants sur ces phénomènes, par des leçons orales et expérimentales faites en Belgique, en Suisse, en Algérie et à Marseille pendant le cours de l'année 1853; il publia en 1855 un traité intitulé *Électrodynamisme vital* dont les conceptions théoriques abstraites furent trop obscures pour émouvoir le public médical; puis en 1860, parut son *Cours théorique et pratique du braidisme ou hypnotisme nerveux*, où la pensée et la méthode de l'auteur se dégagent avec une grande clarté.

Braid avait établi que la fixité de l'attention et la concentration de la pensée obtenues par la fixation du regard sont les causes déterminantes de l'état hypnotique; mais il ne chercha pas à approfondir le mécanisme physiologique ou psychologique du phénomène. Durand, de Gros, essaie d'aller plus loin et d'expliquer le lien qui existe entre cette concentration de la pensée, premier point de départ de la modification braidique, et l'apparition de l'insensibilité, de la catalepsie, de l'extase, en un mot de cette révolution profonde et générale de l'économie qui en est le point d'arrivée.

Voici la théorie de l'auteur, telle qu'elle est exposée par lui : Une activité générale et suffisamment intense de la pensée est nécessaire à la diffusion régulière de la force nerveuse dans les nerfs de la sensibilité. Si cette activité cesse, leur innervation est supprimée, et ils perdent leur aptitude à conduire vers le cerveau les impressions du dehors. On sait, en effet, que les idiots sont plus ou moins anesthésiques, etc. D'autre part, la sensation est le stimulant nécessaire de l'activité mentale.

---

1. Proscrit du 2 décembre, il dut changer de nom pour rentrer en France.

De là découle que, *pour déterminer l'insensibilité, il suffit de suspendre l'exercice de la pensée, et pour suspendre celle-ci, il faut isoler les sens des agents extérieurs qui les impressionnent.* On ne peut suspendre la pensée, mais on peut la réduire à un minimum) en la soumettant à l'excitation exclusive d'une *sensation simple, homogène et continue. On réduit ainsi à un simple point sa sphère d'action.* La cellule cérébrale continue à sécréter la force nerveuse; la pensée ne consomme plus qu'une faible partie de cette force; celle-ci s'accumule dans le cerveau où une congestion nerveuse aura lieu. C'est là la première partie de l'opération braidique que l'auteur appelle *état hypotaxique.* Cet état une fois produit, que par une porte encore entr'ouverte du sensorium, par la voie de la vue, de l'ouïe, du sens musculaire, une impression se glisse jusqu'au cerveau, et le point sur lequel cette excitation va porter sortira aussitôt de sa torpeur pour devenir le siège d'une activité que la tension de la force nerveuse va augmenter de tout son poids. C'est alors qu'à l'arrêt général de l'innervation succédera tout à coup une innervation locale excessive qui, par exemple, substituera instantanément à l'insensibilité l'hyperesthésie, à la résolution du système musculaire la catalepsie) le tétanos, etc.

La force nerveuse disponible peut être appelée sur tel ou tel point fonctionnel du centre de l'innervation, en dirigeant sur ce point une impression qui réveille son activité propre. Dans ce but, on emploie une impression mentale, c'est-à-dire une idée suggérée. C'est le deuxième temps de l'opération braidique que Durand, de Gros, appelle *idéoplastie.* L'idée devient la cause déterminante des modifications fonctionnelles à provoquer, l'excitation mentale reproduit les sensations antérieurement provoquées par voie d'excitations organiques; ces sensations, régénérées par une idée, sont appelées mémoratives.

Les expériences du docteur Philipps (Durand, de Gros) ne réussirent pas à relever le discrédit où était tombé le magnétisme dans le public médical; le braidisme restait oublié. Il faut citer cependant le docteur Charpignon, d'Orléans, qui dès 1841 s'était beaucoup occupé du magnétisme et de la médecine morale dans le traitement des maladies nerveuses. Son mémoire, intitulé : *De la Part de la médecine morale dans le traitement des maladies nerveuses* (1862), fut mentionné honorablement par l'Académie de médecine; les phénomènes de suggestion hypnotique et à l'état de veille qui s'y trouvent exposés obtinrent ainsi, pour la première fois, la sanction officielle de ce corps savant ; c'était revenir en réalité sur la décision sommaire du 1er octobre 1840. Ce mémoire fut publié en 1864 sous le titre : *Études sur la médecine animique et vitaliste.*

Le Dr Charpignon admet que, en dehors de l'influence morale, il existe une influence magnétique, aussi fluidique que les influences lumineuse, calorique et électrique, et que cette influence transmise d'un organisme à un autre par l'extrémité des nerfs périphériques, constitue pour certains individus un moyen modificateur des fonctions nerveuses et vitales.

Il faut citer encore Victor Meunier qui dès 1852 dans le journal *La Presse*, eut le courage scientifique de vulgariser des expériences que la science officielle condamnait alors.

En 1859, le braidisme fit réellement son entrée en France ; une communication du professeur Azam, de Bordeaux, à la Société de chirurgie, publiée dans les *Archives de médecine* (1860), vint lui donner un grand mais éphémère retentissement. Ayant eu connaissance des phénomènes provoqués par le médecin anglais, par un de ses collègues qui avait lu l'article *Sommeil* de Carpenter dans l'*Encyclopédie* de Todd, il répéta avec succès ces expériences sur plusieurs personnes bien portantes.

Demarquay et Giraud-Teulon (*Recherches sur l'hypnotisme ou sommeil nerveux*, Paris, 1860), Gigot-Suard (*Les Mystères du magnétisme animal et de la magie dévoilés, ou la Vérité démontrée par l'hypnotisme*, Paris, 1860), publièrent des observations intéressantes. Les chirurgiens cherchèrent surtout dans l'hypnotisme un moyen anesthésique propre à remplacer le chloroforme ; une observation satisfaisante (il s'agissait de l'incision d'un abcès à l'anus, par Broca et Follin) fut présentée, en 1859, à l'Académie des sciences. Quelques jours après, le Dr Guérineau, de Poitiers, annonça à l'Académie de médecine avoir amputé une cuisse pendant l'anesthésie hypnotique (*Gaz. des hôpitaux*, 1859).

L'application de l'hypnotisme à l'anesthésie chirurgicale n'était pas d'ailleurs chose nouvelle. Le Dr Charpignon rappela, dans la *Gazette des hôpitaux*, les faits suivants relatifs à des opérations pratiquées pendant l'insensibilité hypnotique : en 1829, ablation d'un sein par Jules Cloquet ; en 1845 et 1846, amputation d'une jambe, extirpation de glandes, deux fois sans douleur, par le docteur Loysel, de Cherbourg ; en 1845, amputation de deux cuisses par les docteurs Fanton et Toswel, de Londres; en 1845, amputation d'un bras par le docteur Joly, à Londres; en 1847, enlèvement d'une tumeur de la mâchoire par le Dr Ribaud et Kiaro, dentiste, à Poitiers.

Malgré ces tentatives heureuses, les chirurgiens constatèrent bientôt que l'hypnotisme ne réussit que rarement comme anesthésique; l'insensibilité absolue est l'exception chez les sujets hypnotisables, l'hypnotisation elle-même échoue le plus souvent chez les personnes émues par l'attente d'une opération. Le braidisme, paraissant dénué d'intérêt pratique, retomba dans l'oubli.

En 1866, le Dr Liébeault, qui depuis nombre années s'occupait de la question, publia un livre intitulé : *Du Sommeil et des états analogues considérés surtout au point de vue de l'action du moral sur le physique)* c'est le plus important qui ait été publié sur le braidisme. Partisan de la doctrine suggestive qu'il a poussée plus loin que Braid et qu'il applique avec succès à la thérapeutique, ennemi du merveilleux et du mysticisme, l'auteur cherche à interpréter par des vues psycho-physiologiques les phénomènes observés.

Sa doctrine se rapproche de celle de Durand, de Gros : la concentration de la pensée sur une idée unique, celle de dormir, facilitée par la fixation du regard, amène l'immobilisation du corps, l'amortissement des sens, leur isolement du monde extérieur, finalement l'arrêt de la pensée et l'invariabilité des états de conscience. La catalepsie suggestive est la conséquence de cet arrêt de la pensée (l'hypnotisé reste, l'idée fixe, en rapport avec la personne qui l'a endormi, qu'il entend et dont il reçoit les impressions. Incapable par lui-même de passer d'une idée à une autre, son esprit s'en tient à l'idée qu'on lui suggère finalement; et du moment que c'est celle, par exemple, d'avoir les bras dans l'extension, il les garde étendus.

(Le sommeil ordinaire ne diffère pas au fond du sommeil hypnotique : l'un comme l'autre est dû à l'immobilisation de l'attention et de la force nerveuse sur l'idée de dormir. L'individu qui veut dormir isole ses sens, se replie sur lui-même, reste immobile : l'influx nerveux se concentrant pour ainsi dire sur un point du cerveau, sur une idée, abandonne les nerfs sensitifs, moteurs, sensoriels.

Mais le *dormeur ordinaire*, une fois son état de conscience immobilisé, n'est plus *en rapport qu'avec lui-même*; les impressions amenées à son cerveau par les nerfs de la sensibilité ou les nerfs de la vie organique, peuvent y réveiller des sensations ou *images mémoratives diverses qui constituent les rêves. Ces rêves sont spontanés*, c'est-à-dire suggérés par lui-même.

Le *dormeur hypnotisé* s'endort avec l'idée immobilisée *en rapport avec celui qui l'a endormi ;* de là la possibilité à cette volonté étrangère de lui suggérer des rêves, des idées, des actes.

L'oubli au réveil après l'hypnotisme profond provient de ce que toute la force nerveuse accumulée au cerveau pendant le sommeil, se diffuse de nouveau au réveil dans tout l'organisme ; cette force, diminuant au cerveau, il est alors impossible, avec une moindre quantité d'elle-même, au sujet revenu à lui, de ressaisir dans sa mémoire ce dont il avait conscience avant.

Dans le sommeil ordinaire, ou dans l'hypnotisme léger, la force nerveuse accumulée vers le siège de l'idée fixe est moindre ; les autres parties du système nerveux ne sont pas aussi inactives ; les rêves sont amenés par les impressions périphériques. De plus, le réveil n'est pas brusque, mais progressif, la force nerveuse accumulée au cerveau diminue graduellement, et quand le mouvement de la pensée commence à s'établir, elle ressaisit les souvenirs de la fin au moins du sommeil.

L'œuvre du médecin de Nancy passa inaperçue : l'hypnotisme resta comme une simple curiosité scientifique ; on se contenta de savoir que la fixation d'un objet brillant produit chez certains sujets le sommeil avec anesthésie, chez quelques-uns de la catalepsie, et l'on ne poussa pas plus loin les recherches.

En Allemagne, Czermak [1] publia, en 1873, ses observations sur l'état hypnotique obtenu chez les animaux. Déjà, en 1646, Athanasius Kircher avait montré qu'une poule placée les pattes liées devant une ligne tracée à la craie sur le sol, reste sans mouvement au bout d'un certain temps ; elle conserve cette attitude, même quand on enlève la ligature et qu'on l'excite. Czermak obtint le même phénomène sans ligature et sans tracer de ligne sur le sol ; il suffit de maintenir pendant quelque temps l'animal immobile, le cou et la tête doucement étendus sur l'abdomen. D'autres animaux, oiseaux, salamandres, écrevisses, pigeons, lapins, moineaux, furent hypnotisés, quelques-uns cataleptisés, par simple fixation d'un objet, doigt, allumette, etc., placé devant leurs yeux.

1. *Beobachtungen und Versuche über hypnotische Zustände bei Thieren.* (*Arch. f. Physiologie,* VII, p. 107. 1873.)

Preyer[1] considéra cet état comme dû à la peur et l'appela ca-
taplexie. La contracture des tritons lorsqu'on les saisit, les effets
de la foudre, le choc des chirurgiens, la paralysie due à la
frayeur, la stupeur des animaux blessés par une arme à feu) seraient des phénomènes analogues à ceux produits par l'hypnotisation des animaux ; ils seraient dus à l'excitation des appareils
modérateurs de l'innervation centrale par une impression intense
tactile. Sur les chevaux, on a observé des états hypnotiques semblables Un Hongrois, Constantin Balassa[2], avait signalé, en 1828,
une méthode pour ferrer les chevaux sans violence : « En le fixant
carrément) le cheval est amené à reculer, à lever la tête, à raidir
la colonne cervicale, et on peut en imposer à quelques-uns, à tel
point qu'ils ne bougent pas, même si un coup de fusil est tiré dans
le voisinage. La friction douce avec la main, en croix sur le front
et les yeux, serait aussi un moyen auxiliaire précieux pour calmer
et assouplir le cheval le plus doux, comme le plus violent. »

En 1839, le Dr Wilson, en Angleterre, produisit cet état qu'il
appela trance, sur les animaux du jardin zoologique de Londres ;
enfin, plus récemment, en 1881, Beard, à Boston, compara ces phénomènes dits de trance ou trancoïdaux de l'animal à l'hypnotisme
de l'homme et montra qu'ils peuvent être obtenus par diverses
méthodes : peur (attitude imprimée aux animaux) qui les rend incapables de résister (décubitus sur le dos, ligature), passes magnétiques, fixation avec les yeux, lumière vive (pêche des pois-
sons au flambeau, insectes attirés à la lumière), musique; toutes
méthodes qui troublent l'équilibre psychique en concentrant l'activité cérébrale vers une seule idée[3].

En 1875, Charles Richet[4] reprit les expériences sur l'homme
et étudia de nouveau le somnambulisme provoqué ; il montra que
(par les passes dites magnétiques, par la fixation d'un objet brillant et d'autres procédés empiriques, on obtient une névrose spéciale analogue au somnambulisme naturel) Difficile à obtenir la

1. Die Kataplexie u. d. thier. Hypnotismus. (Sammlung physiol. Abhandl.,
von W. Preyer. 2. Reihe, 1. Heft. Jena, 1878.)
2. Methode des Hufbeschlages ohne Zwang. Wien, bei Gerold, 1828.
3. BEARD, Geo. M. Trance and trancoidal states in the lower animals. (Journal of Comparative medecine and surgery. April 1881.)
Tous ces renseignements sur les faits de Czermak, Preyer, Balassa et Beard,
sont extraits d'une Revue générale de l'hypnotisme, par Möbius, de Leipzig. In
Schmidt's Jahrbücher, Band 190, n° 1. 1881.
4. Charles RICHET, Journal de l'anatomie et de la physiologie. 1875. —
Archives de physiologie. 1880. — Revue philosophique. 1880 et 1883.

première fois, elle arrive presque toujours, si l'on a la patience
de faire plusieurs séances ; cette névropathie magnétique offrirait
d'ailleurs, suivant Richet, peu d'applications thérapeutiques.

(En 1878, Charcot[1] étudia le somnambulisme provoqué chez
les hystériques) On connaît ces recherches mémorables : production de catalepsie avec anesthésie par fixation d'une lumière
vive, et dans cet état, phénomènes de la suggestion, c'est-à-dire
l'attitude imprimée aux membres se reflétant par l'expression de
la physionomie (sourire, prière), — la disparition subite de la lumière remplaçant la catalepsie par un sommeil avec résolution ou
léthargie) l'hyperexcitabilité musculaire se manifestant dans cet
état (contracture d'un muscle par son excitation légère ou celle
de son nerf), — enfin la friction du vertex transformant cet état
léthargique en somnambulisme, avec possibilité de marcher, de
répondre) etc.

(Bourneville et Regnard ont retracé et illustré ces expériences
dans l'Iconographie de la Salpêtrière.)— Charcot et ses élèves ne
formulèrent aucune théorie pour l'interprétation de ces phénomènes. On connaît aussi les expériences intéressantes communi-
quées par Dumontpallier à la Société de biologie.)

(En 1879, la question fut reprise en Allemagne. Un magnétiseur danois, nommé Hansen, étranger à la médecine, parcourut
les principales villes, donnant des représentations publiques) je
l'ai vu à Strasbourg. Il hypnotisait par le procédé de Braid. Sur
20 personnes de l'assistance se soumettant volontairement à ses
expériences, il en trouvait 4 ou 5 susceptibles d'être mises en catalepsie et de recevoir toutes sortes de suggestions. Ces expériences furent répétées par les professeurs des villes universi-
taires, à Chemnitz par Weinhold, Ruhlmann et Opitz, à Breslau
par Heidenhain, Grützner, Berger et d'autres[2].

Diverses théories prirent naissance : les unes, purement physiologiques, comme celle de Rumpf[3] qui admet des change-

1. Comptes rendus de l'Académie des sciences. 1882. — Progrès médical.
1878, 1881 et 1882.
2. WEINHOLD, Hypnotische Versuche. Exper. Beiträge zur Kenntniss des sogen.
thierischen Magnetismus. Chemnitz, 1880. — RUHLMANN, Die Exper. mit dem
sogen. thier. Magnet. (Gartenlaube, n° 819. 1880.) — OPITZ, Chemnitzer Zeitung.
1879. — HEIDENHAIN, Der sogen. thier. Magnet., etc. Leipzig, 1880. — Breslauer
ärztl. Zeitschr. 1880. — GRÜTZNER, Ibid. — BERGER, Hypnot. Zustände. (Ibid.
1880-1881.)
3. RUMPF. Deutsche med. Wochenschr. 1880.

ments réflexes dans la circulation cérébrale donnant lieu à des phénomènes d'hyperémie ou d'anémie cérébrale; les autres, purement chimiques, comme celle de Preyer [1] qui pense que la concentration de la pensée détermine une activité exagérée des cellules cérébrales, de laquelle résultent des produits facilement oxydables, tels que des lactates, qui engourdissent l'encéphale par soustraction d'oxygène à ses diverses régions. La rapidité de l'hypnose et l'instantanéité avec laquelle le réveil a lieu, ne se concilient pas avec ces conceptions théoriques.

D'autres doctrines, enfin, sont psycho-physiologiques. Schneider, à Leipzig, cherche l'interprétation des phénomènes par la concentration unilatérale et anormale de la conscience sur une seule idée : l'excitation intellectuelle, l'acuité exagérée des sens, la vivacité de l'imagination, seraient dues à ce que toute l'activité psychique, au lieu d'être disséminée sur un grand domaine, se concentre sur un petit nombre de points [2]. Vue théorique déjà émise en France, comme nous l'avons vu, par Durand, de Gros, et Liébeault. Berger, de Breslau, pense aussi que la concentration de tout l'être pensant sur une seule idée donne lieu à une inertie de la volonté qui constitue le fond de l'état hypnotique; la rigidité cataleptiforme serait un phénomène concomitant dû à ce que l'excitation psychologique se propage aux centres excito-moteurs de l'encéphale.

Heidenhain, de Breslau, émettant une vue analogue, admet que l'excitation faible et continue des nerfs sensoriels, acoustique ou optique, détermine une suspension d'activité des cellules de l'écorce cérébrale) à cela s'ajoute une excitation des centres réflexes moteurs sous-jacents à l'écorce, soit parce que celle-ci étant paralysée, son action, modératrice des réflexes, fait défaut, soit parce que, en raison de cette même paralysie, toute excitation centripète transmise à l'encéphale se propage dans un domaine nerveux plus circonscrit et agit par cela même plus efficacement sur ce domaine excito-moteur.

Signalons, pour terminer cet aperçu historique, la doctrine du Dr Prosper Despine [3], de Marseille, qui a publié une étude scientifique des plus intéressantes sur le somnambulisme. Il existe, dit l'auteur, une activité cérébrale automatique qui se manifeste sans

1. PREYER, *Die Entdeck. des Hypnotismus.* Berlin, 1881.
2. SCHNEIDER, *Die psych. Ursache der hypnot. Erschein.* Leipzig, 1880.
3. P. DESPINE, *Étude scientifique sur le somnambulisme.* Paris, 1880.

le concours du *moi*; car tous les centres nerveux possèdent par les lois qui régissent leur activité un pouvoir intelligent, sans aucun moi, sans personnalité. Les facultés psychiques peuvent, dans certains états cérébraux pathologiques, se manifester en l'absence du moi, de l'esprit, de la conscience, et produire des actes semblables à ceux qui normalement sont manifestés par l'initiative du moi. C'est l'activité cérébrale automatique : celle, au contraire, qui manifeste le moi, est l'activité cérébrale consciente. Dans l'état normal, ces deux activités sont intimement liées entre elles, elles n'en font qu'une et se manifestent toujours conjointement; dans certains états nerveux pathologiques, elles peuvent se séparer et agir isolément.

Le somnambulisme est caractérisé, physiologiquement, par l'exercice de l'activité automatique seule du cerveau pendant la paralysie de son activité consciente. L'ignorance, par le somnambule, de tout ce qu'il a fait en somnambulisme ne vient donc pas de l'oubli, mais de la non-participation du moi à ses actes. Nous verrons dans le chapitre suivant si cette opinion est fondée.

Admettant la doctrine (hypothétique!) de Luys que les différentes couches de la substance grise corticale ont des fonctions différentes, que la plus superficielle préside au sensorium, la moyenne aux facultés intellectuelles, la plus profonde à la transmission de la volonté pour l'action, l'auteur croit devoir en déduire que le somnambulisme actif serait physiologiquement déterminé par la paralysie nerveuse de la couche la plus superficielle de la substance grise des circonvolutions, avec persistance de l'activité des couches moyenne et profonde; mais si la couche moyenne se trouve également paralysée, on a le somnambulisme inactif qui ne manifeste aucune faculté psychique.

CHAPITRE VII.

Conception théorique de l'auteur sur l'interprétation des phénomènes de suggestion. — De l'automatisme dans la vie habituelle; *actes réflexes; actes automatiques instinctifs.* — Automatisme chez le nouveau-né et chez l'adulte. —
Influence modératrice de l'organe psychique. — Des illusions sensorielles recti-
fiées par l'organe psychique. — Expériences d'A. Maury. — Des hallucinations
hypnagogiques. — De la crédivité. — *Des suggestions sensorielles par imitation.*
— *De l'obéissance automatique.* — Influence de l'idée sur l'acte. — De la doctrine de Despine : abolition de l'état de conscience. — L'état de conscience persiste. — Exaltation de l'excitabilité réflexe idéo-motrice, idéo-sensitive, idéo-
sensorielle. — Des suggestions négatives. — Inhibition. — Du sommeil par
suggestion, par fatigue des paupières, par occlusion des yeux, par impression
monotone, faible, continue. — De la suggestion sans sommeil. — Classification
de Chambard des diverses périodes du sommeil hypnotique. — Objections.

Nous avons établi que les phénomènes déterminés dans l'état
hypnotique et dans l'état de veille ne sont pas dus à un fluide magnétique, à une émanation quelconque allant d'un organisme à
un autre, mais que tout est dans la suggestion, c'est-à-dire dans
l'influence provoquée par une idée suggérée et acceptée par le
cerveau.

Ce qui frappe le plus chez le dormeur, c'est son automatisme;
sa catalepsie est suggestive; l'attitude qu'on lui donne, il la conserve; les mouvements qu'on lui imprime, il les continue; les
sensations inculquées à son cerveau, il les perçoit; les images
qu'on y dépose sont réalisées et extériorées par lui.

Il semble qu'il y ait là, à première vue, un état complètement
différent de l'état normal, un état contre nature, antiphysiologi-
que. L'homme, à l'état de veille, ne voit que ce qu'il voit, ne fait
que ce qu'il veut, n'obéit qu'à ses suggestions spontanées et personnelles! Voilà l'impression première. Et cependant, si l'on réfléchit un peu, on ne tarde pas à se convaincre que la contradiction n'est pas absolue; la nature ne déroge pas à ses lois;
celles qui régissent l'organisme normal régissent aussi l'organisme modifié expérimentalement et pathologiquement.

Beaucoup d'actes se font automatiquement, sans notre volonté
ou sans notre conscience, dans notre vie habituelle. Les fonctions
propres de la moelle épinière s'exercent à notre insu; les phénomènes complexes de la vie végétative, la circulation, la respiration,

la nutrition, la sécrétion, les excrétions, les mouvements du tube
digestif, la chimie vivante de l'organisme, s'opèrent silencieuse-
ment, par un mécanisme dont nous n'avons pas conscience. On
sait que l'impression transmise par un nerf sensitif peut se réflé-
chir à travers les cornes grises de la moelle, sans passer par le
cerveau; le mouvement suit l'impression non perçue, ou la sensation, sans être voulu: c'est l'acte réflexe spinal; c'est l'automatisme spinal qui commande ce mouvement. Le chatouillement de
la plante du pied détermine des mouvements réflexes, alors que
la moelle épinière lésée ne permet plus la transmission des incitations jusqu'au cerveau; une grenouille décapitée continue à exécuter avec ses quatre membres et son tronc des mouvements
adaptés, appropriés, défensifs; on place une goutte d'acide acéti-
que sur le haut de la cuisse; le membre postérieur se fléchit de
façon que le pied vienne frotter le point irrité; on presse entre les
mors d'une pince la région des flancs, la grenouille porte l'extrémité de son membre postérieur correspondant en avant de la
pince, y appuie les doigts de cette extrémité et cherche, parfois à
plusieurs reprises, à la repousser avec force (Vulpian). Ici, le cerveau n'intervient pas; la mécanique animale, inconsciente d'elle-
même, suffit à réaliser les actes complexes destinés à protéger
l'organisme contre les attaques du dehors. N'en est-il pas de même
de l'homme quand, fortement absorbé par une méditation profonde, décapité fonctionnellement, comme dit Mathias Duval, il
chasse une mouche qui vient se porter sur sa main, écarte un objet
importun, sans en avoir conscience, sans en garder souvenir, par
le fait de simples réflexes médullaires parfaitement coordonnés?

Le cerveau peut intervenir pour donner l'impulsion première;
l'acte continue alors que la pensée, que la volonté sont occupées
ailleurs, par le seul fait de l'automatisme spinal. Quand nous
marchons, et que des idées quelconques viennent distraire notre
esprit, nous oublions que nous marchons, le trajet se continue
par simple réflexe; le contact de la plante du pied avec le sol suffit
pour réaliser par voie centrifuge dans la moelle les phénomènes
de coordination musculaire qui accomplissent cet acte; déchargé
par ce mécanisme automatique subalterne du soin de surveiller
incessamment l'exécution de cette fonction complexe, notre cerveau travaille en toute liberté à d'autres conceptions; machinalement, nous marchons toujours, si bien que nous dépassons le but
assigné par la volonté qui a commandé le premier pas, si celle-ci

faisant trêve à nos distractions ne réintervient pour arrêter l'impulsion. Il en est de même de la natation, de l'escrime, de l'équitation, de la musique. L'artiste qui exécute un morceau de longue haleine, se laisse souvent absorber par des idées étrangères, sa pensée n'est plus à la musique; ses doigts errent toujours sur le clavier et continuent mécaniquement, sous l'empire d'incitations médullaires s'enchaînant spontanément, ce que le cerveau distrait ne dirige plus. Bien plus, ce que l'organe psychique a oublié, l'automatisme spinal peut le retrouver. L'artiste ne se rappelle plus toutes les phrases d'une composition musicale; des lacunes existent dans son esprit ; il serait incapable de parfaire le morceau avec les souvenirs confus de son cerveau; la mémoire spinale supplée, si je puis dire, à la mémoire cérébrale; souvent les doigts retrouvent sur le clavier l'agencement difficile de touches et de mouvements qui se réalise avec précision, alors que ces mouvements pour ainsi dire assimilés par la moelle, grâce à leur fréquente répétition, sont devenus une opération mécanique.

Les phénomènes de l'activité automatique des centres nerveux peuvent être *instinctifs;* les actes se réalisent naturellement, sans avoir jamais été appris, par l'initiative spontanée, inconsciente du cerveau et de la moelle. « Les plus remarquables de ces actes, dit Prosper Despine[1], sont ceux qui manifestent les expressions de la physionomie, les gestes, les attitudes du corps, phénomènes mimiques qui sont constamment en rapport avec les sentiments si divers et si nuancés et que chacun sait accomplir, bien que leur exécution n'ait jamais été enseignée par qui que ce soit. Ces actes sont encore les différentes inflexions que prend la voix dans ces circonstances, les balancements de tête en rapport avec le rythme que font certains instrumentistes lorsqu'ils jouent, et même certains de leurs auditeurs.

« La haine, la colère, l'orgueil, la ruse, l'admiration, etc., déterminent chez tout individu qui les éprouve, les mêmes contractions musculaires, et par conséquent une expression semblable, et cela, non seulement chez l'homme, mais encore chez les animaux. Ces divers actes réalisés par le mécanisme automatique des centres nerveux sont tellement préétablis par des lois, qu'ils se trouvent être toujours identiques chez tous les individus soumis aux mêmes causes excitantes.

1. *Étude scientifique sur le somnambulisme.* Paris, 1880.

« Un autre effet de cette disposition automatique s'observe dans la minauderie. On croit que les phénomènes qui la constituent sont voulus et étudiés; c'est là une erreur. On est minaudier, maniéré, par suite d'une facilité exagérée qu'ont les organes nerveux automatiques à suivre d'eux-mêmes tout ce qui se passe dans la pensée. Selon les moindres sentiments éprouvés, la voix prend alors les inflexions les plus variées, les muscles de la figure produisent les grimaces les plus mobiles, les membres et le tronc ondulent de mille façons. Cette disposition, qui prête à la moquerie, s'observe surtout chez la femme. »

A ces actes instinctifs ajoutons certains mouvements qui peuvent succéder à des impressions reçues et perçues par le sensorium et qui n'en sont pas moins dus à l'action cérébrale automatique. Une odeur désagréable qui nous fait contracter nos narines, un bruit soudain qui nous fait détourner la tête, une arme dirigée contre nous qui nous fait étendre la main pour l'écarter, voilà des exemples de mouvements défensifs, adaptés au but de repousser un danger ou une impression hostile; l'impression a été perçue par le centre olfactif, auditif, visuel; mais elle a été perçue, à l'état brut, si je puis dire; elle n'a pas eu le temps d'être élaborée, interprétée par les centres psychiques des hémisphères; le mouvement défensif a été inconscient, non délibéré, involontaire. Nous n'étions pas libres de ne pas le faire. Du noyau bulbaire sensitif où l'impression a été reçue, ou du centre cortical sensitif où elle a été perçue, la réaction réflexe s'est produite instantanément, avant que la volonté soit entrée en jeu, vers les centres moteurs correspondant au mouvement complexe à réaliser dans l'intérêt instinctif, c'est-à-dire non réfléchi, de la conservation.

Chez l'animal pendant toute son existence, comme notre ami distingué M. Netter l'a bien démontré dans un excellent livre[1], et chez l'enfant nouveau-né, l'activité cérébro-spinale est presque tout entière automatique; la vie du système nerveux est en quelque sorte exclusivement concentrée dans le bulbe, la moelle épinière et ses prolongements intracérébraux. Les déterminations volontaires n'existent pas, et cependant des actes compliqués tels que la succion, s'accomplissent par le seul mécanisme réflexe des centres cérébro-rachidiens. L'anatomie confirme ce fait d'observation: Parrot a démontré que le cerveau du nouveau-né, de con-

1. *L'Homme et l'Animal devant la méthode expérimentale.* Paris, 1883.

sistance gélatineuse, de coloration grise uniforme, contient à peine quelques tubes nerveux ébauchés ; les parties excitables du cerveau, la zone dite psychomotrice, n'existent pas encore chez l'homme et les animaux privés de mouvements volontaires (Soltmon) ; la coloration blanche correspondant à la structure achevée des tubes nerveux (cylindre-axe recouvert de sa gaîne de myéline) ne paraîtra que plus tard ; anatomiquement et physiologiquement, le cerveau est embryonnaire. Ce n'est qu'au bout d'un mois que la substance du lobe occipital commence à blanchir et vers le cinquième mois seulement les régions antérieures commencent à se développer ; ce développement n'est achevé que vers le neuvième mois (Parrot).

Alors la conscience, la volonté, les facultés psychiques de l'encéphale entrent en jeu, se développant graduellement par les progrès de l'âge et de l'éducation ; l'activité cérébro-spinale automatique, qui seule dominait l'organisme pendant les premiers mois, qui prédomine pendant toute l'existence chez les animaux, se trouve associée à l'activité consciente et réfléchie. Les phénomènes automatiques persistent toujours et se retrouvent dans tous les actes de la vie, quelquefois isolés, souvent dominés et modifiés par l'état de conscience. L'enfant est prime-sautier, il agit d'instinct, c'est-à-dire qu'il est abandonné tout entier à son automatisme ; il saute, rit, crie, grimace, pleure au gré des impressions qu'il reçoit ; il chante quand un air connu éveille en lui l'idée du chant. Voyez cette troupe de jeunes écoliers : un régiment passe avec tambour et musique ; la bande joyeuse se précipite comme mue par un ressort, emboîte le pas, marche en cadence, fatalement entraînée par une suggestion instinctive.

« Il est impossible, dit Gratiolet, d'être saisi d'une idée vive, sans que le corps se mette à l'unisson de cette idée. » Nous-mêmes, à un âge plus avancé, à tout âge de la vie, quand une musique joyeuse résonne, nous l'accompagnons du geste et de la voix ; quand les accords entraînants de la valse vibrent à certaines oreilles, l'idée de la danse suggérée dans le cerveau ne tend-elle pas à réaliser involontairement les balancements corrélatifs du corps et des membres ? On se sent entraîné, et pour un rien, on se laisserait aller, si l'état de conscience développé par l'éducation, si l'habitude d'une certaine réserve imposée par les mœurs, si l'attention concentrée sur nous-mêmes n'intervenait comme modérateur, comme régulateur, pour imposer un frein à l'automatisme cérébral mis en éveil par une suggestion sensorielle. Tous les actes de notre vie, tous nos agissements dans le monde, réglés par l'éducation et les conventions sociales, ne sont-ils pas la résultante de l'empire que notre conscience dirigée par l'exercice a su prendre à la longue sur nos instincts irréfléchis, sur notre bête ? Et les peuplades sauvages, ne sont-elles pas, à vrai dire, dans l'enfance prolongée, livrées sans frein à l'automatisme de leur système nerveux, qui les domine, jusqu'à ce que la civilisation importée chez elles par une éducation philosophique ou religieuse convenable, ait créé dans ces cerveaux embryonnaires un état de conscience nouveau, régulateur des actes instinctifs ?

Chez l'homme le plus éclairé, le plus habitué à se maîtriser, il arrive souvent qu'une impression perçue est tellement intense, qu'elle se transforme en acte automatique, avant que l'influence modératrice de la conscience ait eu le temps de le prévenir. Un soldat vivement secoué par un supérieur, s'oublie et le frappe ; cette voie de fait suit instantanément l'impression perçue : c'est un acte réflexe. Le soldat le regrette, car il s'expose à un châtiment terrible. Mais la raison vient trop tard : la colère est aveugle et ne raisonne pas.

Le cerveau, en tant qu'organe psychique n'intervient pas seulement pour modérer l'action réflexe ; il intervient aussi pour corriger, pour interpréter, pour rectifier nos impressions, soit les impressions imparfaitement transmises par nos organes sensoriels, soit les impressions mémoratives renaissant directement comme au choc de la réminiscence, soit les impressions suggérées par une influence étrangère. Le vent sifflant à travers une fissure donne l'image acoustique d'un gémissement ; l'organe psychique l'interprète et la restitue à sa véritable cause ; une vision imaginaire nous surprend pendant nos rêveries ; la conscience reprend possession d'elle-même et rétablit la réalité. Ne sommes-nous pas tous, par l'imperfection de notre être conscient et de nos impressions sensorielles, exposés à des illusions, à des suggestions variables ? Ce qui se passe dans le rêve où nos sens engourdis ne rectifient plus les idées qui surgissent incohérentes, où les choses les plus fantastiques nous paraissent des réalités, où nous croyons tout, parce que le jugement faisant défaut ne contrôle plus rien, cela arrive aussi chez quelques-uns dans la période de concentration psychique qui prélude au sommeil. Alfred Maury a fait une étude intéressante de ces phénomènes qu'il a pu étudier sur lui-même, étant fort sujet à ces hallucinations qu'il appelle hypnagogiques. « Mes hallucinations, dit-il, sont plus *nombreuses* et surtout plus *vives* quand j'ai, ce qui est fréquent chez moi, une disposition à la congestion cérébrale. Dès que je souffre de céphalalgie, dès que j'éprouve des douleurs nerveuses dans les yeux, les oreilles, le nez, les hallucinations m'assiègent, à peine la *paupière close*. Lorsque, dans la soirée, je me suis livré à un travail opiniâtre, les hallucinations ne manquent jamais de se présenter. Ayant passé deux jours consécutifs à traduire un long passage grec assez difficile, je vis, à peine au lit, des images si multipliées et qui se succédaient avec tant de promptitude, que, *en proie à une véritable frayeur*, je me levai sur mon séant pour les dissiper.

« Il n'est pas nécessaire que l'absence d'attention soit de longue durée pour que l'hallucination hypnagogique se manifeste ; il suffit qu'elle ait lieu seulement une seconde, *moins peut-être*. C'est ce que j'ai bien souvent constaté par moi-même. Je me couchais ; au bout de quelques minutes, mon attention, qui avait été jusque-là éveillée, se retirait ; aussitôt les images s'offraient à mes yeux fermés. L'apparition de ces hallucinations me rappelait alors à moi, et je reprenais le cours de ma pensée, pour retomber bientôt après dans de nouvelles visions, et cela plusieurs fois de suite, jusqu'à ce que je fusse totalement endormi. Un jour, j'ai pu observer ces alternatives singulières. Je lisais à haute voix un voyage dans la Russie méridionale. A peine avais-je fini un alinéa que je fermais les yeux instinctivement. Dans un de ces courts instants de somnolence, je vis hypnagogiquement, mais avec la rapidité de l'éclair, l'image d'un homme vêtu d'une robe brune et coiffé d'un capuchon comme un moine des tableaux de Zurbaran. Cette image me rappela aussitôt que j'avais fermé les yeux et cessé de lire ; je rouvris subitement les paupières, et je repris le cours de ma lecture. L'interruption fut de si courte durée, que la personne à laquelle je lisais ne s'en aperçut pas, etc. [1]. »

Qui n'a eu de ces hallucinations plus ou moins dessinées, lorsque l'attention se retire des objets sur lesquels elle était fixée ; que l'esprit, perdant la conscience nette du moi, devient le jouet des images évoquées par l'imagination ? Étranger à la réalité des choses, il est livré tout entier aux conceptions factices qui l'obsè-

1. *Le Sommeil et les Rêves*. Paris, 1878.

dent, jusqu'à ce que la conscience, reprenant possession d'elle-
même, dissipe ces rêvasseries, efface les chimères et rétablisse
la réalité.

Nos erreurs, nos illusions, nos hallucinations ne sont pas toutes
spontanées, nées en nous-mêmes, mémoratives, ou consécutives
à une impression sensorielle défectueuse; elles peuvent nous être
suggérées par d'autres personnes; notre cerveau, parfois, les
accepte sans contrôle.

Car, n'avons-nous pas tous, à un degré variable, une certaine
crédivité, qui nous porte à croire ce qu'on nous dit? « La crédivité, dit Durand, de Cros, que les théologiens appellent « la
Foi », nous est donnée afin que nous puissions *croire sur parole*,
sans exiger des preuves rationnelles ou matérielles à l'appui. C'est
un lien moral des plus importants : sans lui, pas d'éducation, pas
de tradition, pas d'histoire, pas de transactions, point de pacte
social; car, étant étrangers à toute impulsion de ce sentiment,
tout témoignage serait pour nous comme non avenu, et les assu-
rances les plus véhémentes de notre meilleur ami, nous annon-
çant d'une voix haletante que notre maison prend feu, ou que
notre enfant se noie, nous trouveraient aussi froids, aussi im-
passibles, que si l'on se fût contenté de dire : « Il fait beau » ou
« il pleut ». Notre esprit resterait fixe et imperturbable dans
l'équilibre du doute, et l'évidence aurait seule puissance de l'en
faire sortir. En un mot, *croire* sans la *crédivité* serait aussi difficile
que *voir* sans la *vue*, ce serait radicalement impossible[1]. »

Notre première impression, quand une assertion est formulée,
c'est de croire; l'enfant croit ce qu'on lui dit. L'expérience de la
vie, l'habitude de rectifier les erreurs journalières qu'on veut
nous imposer, la seconde nature que l'éducation sociale nous in-
culque, affaiblit peu à peu cette crédulité native, naïveté du bas
âge. Elle survit toujours, dans une certaine mesure, comme tous
les sentiments innés dans l'âme humaine. Dites à quelqu'un : Vous
avez une guêpe sur le front; machinalement, il y porte la main;
il est même des personnes qui croient en sentir la piqûre.

Une idée peut naître dans le cerveau par imitation et faire re-
vivre la sensation correspondante; nous voyons un individu qui
se gratte; l'idée de prurit, la crainte d'avoir gagné par transmis-

---

1. Philips, *Cours théorique et pratique de Braidisme*. Paris, 1860.

sion un insecte vu sur la peau du voisin, suffit quelquefois pour réaliser dans notre cerveau *l'image sensorielle* du prurit; nous éprouvons le besoin de nous gratter en un point du corps; cette première démangeaison en suggère une seconde sur une autre région que nous grattons encore. Le besoin de vider la vessie est développé par la vue d'une personne qui urine; le bâillement est contagieux; dans l'ordre pathologique, les tics nerveux, la toux nerveuse, quelquefois les vomissements, la chorée, les convulsions hystériques, les attitudes vicieuses chez les enfants, sont contractés par imitation; souvent l'élève prend inconsciemment les gestes, l'intonation de voix, certains traits du jeu de physionomie de son maître.

Certaines personnes sont très accessibles à ces suggestions sensorielles; elles ont l'imagination facile, c'est-à-dire qu'elles ont une grande aptitude à contracter dans leur cerveau l'*image psychique* des suggestions provoquées par la parole, la vue, le tact, et cette image extériorée dans les nerfs périphériques des organes correspondants reproduit une sensation réelle aussi vive que si elle avait une cause objective dans ces organes mêmes, comme la douleur d'un moignon rapportée au membre qui n'est plus. Telle peut être l'influence de l'imagination. « Lorsque je pense, dit Charpignon, à un fruit acide, que je me représente une pomme criant sous le couteau ou se déchirant sous mes dents, ma bouche s'humecte de salive et j'éprouve une sensation presque aussi forte que si l'objet en eût été la cause. »

N'avons-nous pas tous encore une certaine docilité cérébrale qui nous porte à *obéir aux ordres reçus?* On dit à l'enfant de marcher; machinalement, il lève la jambe. Dites à quelques-uns : Fermez les yeux. Beaucoup, sans réflexion, les fermeront. L'idée communiquée au cerveau suffit automatiquement, quelquefois même contrairement à la volonté, pour réaliser le mouvement correspondant. Une expérience bien connue démontre l'influence de l'idée sur l'acte : à la hauteur du front, je tiens avec deux doigts l'extrémité de la chaîne fixée à ma montre verticalement suspendue; la montre marche à droite, à gauche, en avant, en arrière, tourne en cercle, lorsque je conçois l'idée de ces mouvements successifs; j'ai beau ne pas intervenir volontairement, n'avoir pas conscience du mouvement que ma main imprime à la chaîne; l'idée du mouvement suffit chez beaucoup à le produire. N'est-ce

BERNHEIM.   6

pas l'histoire des tables tournantes qui ont fait tourner tant de
têtes, il y a une trentaine d'années? Chacun involontairement et
à son insu imprime un certain mouvement; tous ces mouvements
inconscients s'accumulent et finissent par emporter la table.

Sans doute, quand un ordre nous est formulé par une personne
qui n'a pas d'autorité sur nous, l'impression produite est trop faible pour que notre cerveau l'accomplisse automatiquement, sans
en apprécier l'opportunité; notre jugement discute, notre raison
combat l'instinct de l'obéissance passive. Mais lorsque le cerveau
*engourdi par la somnolence ou perdu dans les rêvasseries ne s'ap-
partient plus*, lorsque l'attention absente ou distraite ne permet
plus le contrôle, l'automatisme règne en maître; nous obéissons
sans en avoir conscience.

« Un soir, raconte Maury, je m'étais assoupi dans mon fauteuil,
mon oreille percevait encore vaguement les sons ; mon frère pro-
nonce près de moi ces mots d'une voix assez forte : « Prenez une
allumette. » La bougie venait de s'éteindre. J'entendis, à ce qu'il
paraît, ces mots, mais sans m'apercevoir que c'était mon frère
qui les avait dits, et dans le rêve que je faisais alors, je m'imagi-
nai aller chercher une allumette. Réveillé, quelques secondes
après, on me rapporta la phrase de mon frère. J'avais déjà oublié
l'avoir entendue, quoique dans le moment j'y eusse répondu; ma
réponse avait été toute machinale. Pourtant, en rêve, je croyais
aller de mon propre mouvement chercher une allumette, je ne me
doutais pas que j'exécutais un ordre. »

Le trait suivant, que je rapporte d'après Chambard[1], montre,
sous une forme plaisante, comment un acte souvent répété s'en-
chaîne à l'idée suggérée. « Alors qu'il était directeur de l'Opéra,
le docteur Véron invita un soir à sa table les demoiselles du corps
de ballet et leurs mères. Après un repas bien arrosé, les respec-
tables matrones tombèrent dans un sommeil plein de douceur.
Une idée bizarre et bien digne d'un médecin, né homme d'esprit,
s'empara de l'amphitryon : « Cordon, s'il vous plaît ! » clama-t-il
d'une voix tonnante. Et l'on vit alors les dormeuses faire machinalement, mais avec un ensemble parfait, le geste traditionnel,
trahissant ainsi l'exercice d'une profession dont leurs filles rou-
gissaient et qu'aucune n'aurait avoué quelques instants auparavant. »

---

1. *Étude symptomatologique sur le somnambulisme.* (*Lyon médical*, 1883.)

Ces *considérations*, qu'il me paraît inutile de développer plus amplement, suffisent à démontrer que l'état normal, l'état physiologique, présente, à un degré rudimentaire, des phénomènes analogues à ceux qu'on observe dans l'hypnotisme ; que la nature ne déroge pas elle-même ; qu'il existe dans notre appareil nerveux cérébro-spinal un certain automatisme par lequel nous accomplissons, à notre insu ou sans le vouloir, les actes les plus complexes, par lequel nous subissons, dans une certaine mesure, les ordres qui nous sont formulés, les mouvements qui nous sont communiqués, les illusions sensorielles qui nous sont suggérées ; l'état de conscience intervient pour modérer ou neutraliser l'action automatique, pour rectifier ou détruire les impressions fausses insinuées dans les centres nerveux.

Supprimez l'état de conscience, supprimez l'activité cérébrale volontaire, et vous aurez le somnambulisme. Telle est l'opinion de Prosper Despine. « Le somnambulisme, dit cet auteur, est caractérisé physiologiquement par l'exercice de l'activité automatique seule du cerveau pendant la paralysie de son activité consciente qui manifeste le moi. »

D'après cette doctrine, l'hypnotisé marche comme la grenouille décapitée nage, il est un mécanisme inconscient à la merci de l'endormeur ; je lève son bras ; il reste levé passivement, comme fixé dans la position imprimée, sans qu'une volonté personnelle, qui n'est plus, agisse pour le remettre en place. Je dis : « Vos bras tournent, vous ne pouvez plus les arrêter. » L'idée du mouvement suggérée est acceptée par le cerveau dépourvu d'initiative, et cette idée engendre automatiquement le mouvement qui continu, sans que le moi paralysé dans son activité puisse arrêter ce que l'automatisme dirigé par une influence étrangère a réalisé.

Je dis : « Vous sentez de la chaleur à la main » ; et l'idée de chaleur introduite dans le cerveau, admise sans contrôle, y évoque la sensation mémorative de la chaleur qui est projetée par voie centrifuge à la périphérie de la main.

Je dis : « Vous êtes triste » ; des passions tristes surgissent dans l'encéphale ; « vous êtes gai » ; des idées gaies renaissent. Je dirige à mon gré les mouvements, les sensations, les actes, les sentiments de l'hypnotisé qui n'a plus de personnalité consciente, qui subit sans réagir les modifications de la vie de relation et de la vie intellectuelle que ma volonté, remplaçant la sienne absente, commande à son cerveau.

La doctrine ainsi formulée est-elle conforme aux faits? Est-il vrai de dire avec Despine que l'activité cérébrale volontaire soit endormie chez l'hypnotisé, que le moi ne participe pas à ses actes? Je ne le pense pas.

Dans les premiers degrés du sommeil, la conscience et la volonté existent; nous l'avons constaté dans notre description des symptômes hypnotiques. Telle personne, après hypnotisation, ne présente pour tout phénomène que l'occlusion des yeux; elle parle, se rend compte de tout, rit, assiste l'esprit éveillé à la catalepsie de ses paupières, ou à celle de ses bras, si elle existe; elle fait des efforts infructueux pour ouvrir les yeux, pour baisser son bras; elle dit : « J'ai beau faire, je ne peux pas. » Les sujets intelligents rendent compte à leur réveil de toutes leurs sensations. « J'entendais tout, me disait l'un d'eux; j'avais bien la volonté de réagir. Ma main était fermée en contracture; j'essayais bien de l'ouvrir. Mes bras tournaient l'un sur l'autre; je cherchais les moyens de les arrêter; je rapprochais les deux mains pour les caler l'une contre l'autre; je croyais avoir réussi à les arrêter définitivement, quand tout à coup, spontanément ou au moindre mot prononcé par vous, elles partaient malgré moi, comme un ressort. » Je lui colle un doigt sur le nez, et je dis : « Vous ne pouvez plus le détacher. » Il essaie de le faire. Ne pouvant le détacher directement, il tente de le faire par glissement de haut en bas. Il va arriver à son but. Je dis : « Le doigt reste collé. » Et aussitôt il remonte le long du nez et y adhère. Tout cela, il l'éprouve, en pleine connaissance de cause et ne peut le maîtriser.

« L'ignorance par le somnambule de tout ce qu'il a fait en somnambulisme, dit Prosper Despine, ne vient pas de l'oubli, mais de la non-participation du moi à ses actes. » Mais j'ai vu des somnambules qui se rappellent leurs actes au réveil; il suffit de leur dire : « Vous vous rappellerez tout, quand vous serez réveillé », pour que ce souvenir persiste. D'ailleurs, pendant leur sommeil, ils témoignent d'une parfaite conscience de leur être; ils répondent aux questions qui leur sont adressées; ils savent qu'ils dorment. Quand je dis à S. qu'il est sur le champ de bataille, il évoque le souvenir des scènes auxquelles il a assisté; un vrai travail intellectuel actif s'accomplit en lui; ses idées souvenirs remémorées consciemment deviennent des images auxquelles il ne peut se soustraire. « L'hallucination est, dit Lélut, la transformation de la pensée en sensation. » Les suggestions que je produis à l'état de veille *sont créées* sur un être conscient qui sait ce qu'il fait, qui se rappelle ce qu'il a fait. Je développe une hallucination chez Sch. sans l'endormir; il manifeste pleine connaissance de son moi; l'hallucination suggérée est la seule chose anormale que son cerveau témoigne. Il va, vient, parle, accomplit *spontanément et avec réflexion tous les actes de son existence.* J'ai fait un halluciné, je n'ai pas fait un automate organique.

Sans doute, les dormeurs profonds ont la conscience et la volonté affaiblies : plus le sommeil est intense, moins les dormeurs ont de spontanéité, plus ils sont dociles aux suggestions ; mais ce sommeil profond, cet affaiblissement de la volonté et de la conscience ne sont pas nécessaires à la manifestation des phénomènes suggestifs. Ce fait important ressort, sans conteste, de l'étude qui précède.

La seule chose certaine, c'est qu'il existe chez les sujets hypnotisés ou impressionnables à la suggestion une *aptitude particulière à transformer l'idée reçue en acte.* A l'état normal, toute idée formulée est discutée par le cerveau qui ne l'accepte que sous bénéfice d'inventaire ; perçue par les centres corticaux, l'impression se propage, pour ainsi dire, aux cellules des circonvolutions voisines; leur activité propre est mise en jeu ; les diverses facultés dévolues à la *substance grise* de l'encéphale interviennent; l'impression est élaborée, contrôlée, analysée par un travail cérébral complexe qui aboutit à son acceptation ou à sa neutralisation; l'organe psychique oppose, s'il y a lieu, son veto à l'injonction. Chez l'hypnotisé, au contraire, la transformation de l'idée en acte, sensation, mouvement ou image, se fait si vite, si activement, que le *contrôle intellectuel* n'a pas le temps de se produire ; quand l'organe psychique intervient, c'est un fait accompli qu'il enregistre, souvent avec surprise, qu'il confirme par cela même qu'il en constate la réalité, et son intervention ne peut plus l'empêcher. Si je dis à l'hypnotisé : « Votre main reste fermée », le cerveau réalise l'idée, aussitôt que formulée. Du centre cortical où cette idée introduite par le nerf auditif est perçue, un réflexe se produit immédiatement vers le centre moteur correspondant aux origines centrales des nerfs fléchisseurs de la main; la flexion en contracture est réalisée. Il y a donc *exaltation de l'excitabilité réflexe idéo-motrice qui fait la transformation inconsciente, à l'insu de la volonté, de l'idée en mouvement.*

Il en est de même si je dis à l'hypnotisé : « Vous sentez un chatouillement dans le nez. » L'idée introduite par l'ouïe est réfléchie sur le centre de sensibilité olfactive où elle réveille l'image sensitive mémorielle du picotement nasal, telle que les impressions antérieures l'ont créée et laissée comme empreinte latente ; cette sensation mémorielle ainsi revivifiée peut être assez intense pour déterminer l'acte réflexe de l'éternuement. Il y a donc aussi *exaltation de l'excitabilité réflexe idéo-sensitive ou idéo-sensorielle qui fait la transformation inconsciente de l'idée en sensation ou image sensitive.*

Les images visuelles, acoustiques, gustatives, succèdent de même à l'idée suggérée.

Les suggestions négatives sont plus difficiles à concevoir. Si je dis à l'hypnotisé: « Votre corps est insensible, votre œil est aveugle », l'impression propagée par le nerf auditif au centre de sensibilité tactile ou visuelle crée l'image *de l'anesthésie tactile ou* visuelle ; les nerfs cutanés reçoivent l'excitation ; la rétine reçoit l'image ; la vision rétinienne existe, la lumière fait contracter la pupille ; mais la perception cérébrale de l'impression tactile, de l'image rétinienne n'existe plus. Il semble que ce soit une *paralysie réflexe d'un centre cortical* que l'idée suggérée a produite dans ce cas. Ces actions nerveuses d'arrêt sont d'ailleurs bien connues, sinon bien expliquées, en physiologie et en pathologie : l'excitation du pneumogastrique arrête les battements du cœur ; une émotion violente paralyse, un traumatisme profond produit l'insensibilité du corps (stupeur chirurgicale) ; la parole fait défaut, par l'effet d'une impression vive ; la cécité fonctionnelle subite se manifeste chez les hystériques.

L'organisme possède des mécanismes dynamiques à l'aide desquels une propriété ou activité peut être soudainement suspendue, c'est ce que Brown-Séquard appelle *inhibition ;* ces propriétés ou activités peuvent être au contraire renforcées, c'est ce que Brown-Séquard appelle *dynamogénie.* « Cette faculté inhibitive ou dynamogène appartient à *nombre de parties du système nerveux* et elle peut être mise en jeu, soit d'une manière directe, soit par action réflexe. » Comme exemples d'inhibition, Brown-Séquard cite l'arrêt du cœur sous l'influence de l'excitation des ganglions sympathiques abdominaux, l'arrêt de la respiration par irritation des nerfs laryngés, l'inhibition de l'activité mentale ou perte de connaissance par simple piqûre du bulbe, le cœur continuant à battre ; l'amaurose réflexe à la suite d'une lésion du trijumeau et d'autres nerfs, ou de la section partielle des corps restiformes chez les lapins [1]. Les suggestions négatives dont nous avons parlé rentrent dans le même ordre de faits.

Le mécanisme de la suggestion, en général, peut donc se résumer dans la formule suivante : *accroissement de l'excitabilité réflexe idéo-motrice, idéo-sensitive, idéo-sensorielle*. De même que par certaines influences, la strychnine par exemple, l'excitabilité sensitivo-motrice est accrue dans la moelle, de manière que la moindre impression à la périphérie d'un nerf se transforme immédiatement en contracture, sans que le cerveau modérateur puisse prévenir ou empêcher cette transformation, de même dans l'hypnotisme l'excitabilité idéo-réflexe est accrue dans le cerveau, de manière que toute idée reçue se transforme immédiatement en acte, sans que l'organe psychique de perfectionnement, l'étage supérieur du cerveau, puisse empêcher cette transformation.

Ce n'est là qu'une formule, je le sais; je n'ai pas la prétention d'émettre une théorie. Dans le domaine psychologique, la cause et l'essence des phénomènes nous échappent. Telle qu'elle est, cette formule, si je ne me trompe, sert au moins à concevoir un mécanisme que l'esprit ne peut interpréter rigoureusement. Un peu de lumière surgit, il me semble, de cette *conception théorique*, tout imparfaite qu'elle est : nous comprenons que ces phénomènes curieux puissent exister normalement, à l'état de veille, chez certains sujets qui, par une disposition particulière de leurs centres nerveux. ont plus ouvertes, plus faciles à frayer les voies de la réflectivité intracérébrale, et qui ont en même temps un affaiblissement de l'état de conscience modérateur de l'automatisme réflexe. On conçoit aussi que ceux qui ont été souvent hypnotisés peuvent avoir contracté par l'habitude, c'est-à-dire par la répétition fréquente des phénomènes provoqués, une augmentation de cette excitabilité idéo-réflexe; les voies plus souvent frayées offrent à l'influx nerveux un dégagement plus facile et plus rapide; l'im-

1. « L'acte initial lui-même, dit Brown-Séquard, à l'aide duquel un individu est jeté dans l'hypnotisme, n'est qu'une irritation périphérique (d'un des sens ou de la peau) ou centrale (par influence d'une idée ou d'une émotion) qui produit une diminution ou une augmentation de puissance dans certains points de l'encéphale, de la moelle épinière ou d'autres parties, et le braidisme ou l'hypnotisme n'est rien autre chose que l'état très complexe de perte ou d'augmentation d'énergie dans lequel le système nerveux et d'autres organes sont jetés sous l'influence de l'irritation première périphérique ou centrale. Essentiellement donc l'hypnotisme n'est qu'un effet et un ensemble d'actes d'inhibition et de dynamogénie. » (*Gazette hebdomadaire*, 1883, p. 137.)

pression suit ce chemin de préférence, même à l'état de veille; et c'est pour cela que les sujets dressés et éduqués par des hypnotisations antérieures peuvent, sans être de nouveau hypnotisés, manifester les mêmes phénomènes, réaliser les mêmes actes, sous l'influence toute-puissante sur eux de la suggestion.

Le sommeil lui-même naît d'une suggestion consciente ou inconsciente. Celui qui s'affirme qu'il va dormir ou auquel on l'affirme par la parole ou par le geste, immobilisant sa pensée sur l'idée du sommeil, en ressent peu à peu tous les symptômes, lourdeur des paupières, obnubilation visuelle, insensibilité des membres; il isole ses sens, se dérobe à toutes les impressions extérieures, ses yeux se ferment, le sommeil est là.

Les divers procédés d'hypnotisation agissent en partie par voie suggestive; la fixation d'un objet brillant, le strabisme convergent des yeux, développent une fatigue avec engourdissement des paupières, qui insinue l'idée du sommeil; l'occlusion des paupières est une invite à dormir. On dit que les femmes bretonnes endorment leurs nourrissons en suspendant au ciel du berceau une petite boule de verre qui brille devant leurs yeux. Certaines pratiques pour déterminer l'extase religieuse font appel à cette suggestion par fatigue visuelle; telle la contemplation d'un point imaginaire de l'espace, ou du bout de leur nez par les joguis ou dévots de l'Inde, la contemplation de leur nombril par les moines du Mont-Athos ou omphalo-psychiens. Ajoutons que les impressions monotones, faibles, continues, sur l'un des sens, produisent chez la plupart des personnes une certaine torpeur intellectuelle, prélude du sommeil. Le cerveau, absorbé tout entier par une perception douce, uniforme, incessante, devient étranger à toute autre impression; trop faiblement stimulé, il se laisse engourdir. « Si l'esprit, dit Cullen, s'attache à une seule sensation, il en arrive bientôt à une absence presque totale d'impressions, ou en d'autres mots, à l'état le plus proche du sommeil. »

Le son prolongé et monotone de tambourins frappés avec la même cadence dans l'obscurité de la nuit produit l'hypnotisme extatique chez les Arabes de la secte d'Aïssaoua. L'impression faite sur l'ouïe par le murmure continu des flots, par un débit monotone et lent, amène la somnolence. « L'enfant est hypnotisé auditivement par les chants monotones de sa nourrice; les oscillations régulières de son berceau, en lui communiquant une longue série de faibles secousses toutes semblables entre elles et séparées par des intervalles égaux, l'hypnotisent par la voie du *sens musculaire*. L'incantation avec ses charmes (*carmina*) dont le rythme simple et invariable murmure à l'oreille et la captive sans parler à l'intelligence, *doit être considérée* comme une forme particulière du braidisme s'exerçant sur le sens de l'ouïe au lieu de s'adresser à la vue. » (Dr Philips.)

Entre le sommeil spontané et le sommeil provoqué, il n'y a au fond aucune différence ; M. Liébeault a fort judicieusement établi ce fait. Seulement, le dormeur spontané n'est en rapport qu'avec lui-même ; l'idée dernière qui persiste à son sommeil, les impressions que les nerfs périphériques sensitifs, sensoriels continuent à transmettre au cerveau, les incitations venant des viscères deviennent le point de départ d'images et d'impressions incohérentes qui constituent les rêves. Ceux qui nient les phénomènes psychiques de l'hypnotisme ou ne les admettent que sur des tempéraments nerveux malades, ont-ils jamais réfléchi à ce qui se passe dans le sommeil normal, où le cerveau le plus pondéré s'en va à la dérive, où les facultés se dissocient, où les idées les plus bizarres, les conceptions les plus fantastiques s'imposent ? La pauvre raison humaine s'est envolée, l'esprit le plus orgueilleux se laisse halluciner et devient, pendant ce sommeil, c'est-à-dire pendant le tiers de l'existence, le jouet des rêves que l'imagination évoque.

Dans le sommeil provoqué, l'idée de celui qui l'a endormi reste présente dans l'esprit de l'hypnotisé, d'où la possibilité à l'endormeur de mettre en jeu cette imagination, de suggérer lui-même des rêves, de diriger lui-même les actes que ne contrôle plus une volonté faible ou absente.

A la faveur aussi de cette parésie de l'activité psychique volontaire régulatrice de l'automatisme cérébro-spinal, celui-ci s'exagère et devient prépondérant. Ainsi le sommeil favorise la production des phénomènes suggestifs, en supprimant ou affaiblissant l'influence modératrice, mais il n'est pas indispensable à leur production ; il est lui-même déjà, je le répète, un phénomène de *suggestion*. Certains sujets sont rebelles à l'idée du sommeil, qui arrivent à l'occlusion cataleptiforme des paupières ; chez une malade de mon service, je ne provoque ni sommeil, ni occlusion des paupières, mais occlusion de la main contracturée, par simple affirmation. L'hypnotisme n'est donc pas le prélude *obligé* de la suggestion ; il la facilite lorsqu'il peut être provoqué ; mais d'autres suggestions peuvent réussir quelquefois, lors même que celle du sommeil reste inefficace.

Nous avons établi, au début de cette étude, que l'état hypnotique comporte divers degrés. Dans un mémoire plein d'intérêt et qui révèle un esprit ingénieux, M. Chambard a classé d'une façon différente les diverses périodes du sommeil hypnotique. Cette division est basée en partie sur les conceptions d'Alfred Maury relatives à la succession des phénomènes qui aboutissent au sommeil physiologique.

La vue disparaît d'abord ; les autres sens, d'abord exaltés, cessent de fonctionner ensuite, le toucher en dernier lieu.

Les fonctions intellectuelles, devenues momentanément plus actives, parce qu'elles ne sont plus distraites par les impressions sensorielles, se dissocient ensuite ; les premières qui disparaissent sont les facultés *coordinatrices* qui décident et dirigent : la volonté, l'attention, le jugement, finalement la mémoire. Les facultés *imaginatives* qui suggèrent et entraînent, seules persistantes pendant un temps, laissent le cerveau accessible aux rêves, aux hallucinations, aux conceptions bizarres.

Elles s'éteignent à leur tour. Un instant, le *moi* veille seul au-dessus des facultés intellectuelles et des sens assoupis, puis, soudain, il s'évanouit. Le sommeil est complet.

Muni de ces données, M. Chambard établit dans l'ordre suivant les degrés intermédiaires depuis le sommeil le plus complet jusqu'au réveil.

Le degré le plus profond, c'est la *léthargie ;* elle s'empare tout d'abord du sujet hypnotisé, qui ensuite, se réveillant d'une façon plus ou moins complète, s'arrête à un des degrés intermédiaires.

1° Dans la léthargie, le sujet est inerte, sans conscience, sans relation avec le monde extérieur : la vie végétative seule persiste.

Les fonctions de relation renaissent : d'abord, celles qui établissent un lien inconscient entre l'organisme et les impressions du dehors ; c'est *l'automatisme :* toute excitation sensorielle ou sensitive provoque des mouvements simples ou complexes, les mêmes qu'elle déterminerait à l'état de veille, si les facultés coordinatrices n'intervenaient pour les empêcher ou modérer.

2° C'est d'abord *l'automatisme moteur* donnant lieu aux phénomènes décrits par Charcot sous le nom d'hyperexcitabilité névro-musculaire. Le cerveau étant encore fonctionnellement absent, l'action réflexe excito-motrice est accrue, comme chez la grenouille décapitée.

3° Ces fonctions de relation, inconscientes ou du moins peu conscientes devenant plus actives, les sens tactile, acoustique, musculaire, s'éveillant graduellement, c'est *l'automatisme somnambulique passif;* le sujet continue les mouvements imprimés (*inertie motrice*), accomplit les actes en rapport avec les impressions sensitives ou sensorielles (*suggestion motrice*), reproduit les sons articulés, les mouvements qu'il voit ou entend (*imitation automatique*), accomplit les ordres (*obéissance automatique*).

4° La mémoire et les facultés imaginatives se réveillant à leur tour, c'est *l'automatisme somnambulique actif:* le cerveau, dépourvu de spontanéité, est accessible aux rêves qui diffèrent des rêves ordinaires par le caractère inconscient des phénomènes psycho-moteurs et psycho-sensoriels: rêves ambulatoires, professionnels, instinctifs et passionnels, anamnestiques (faits de souvenirs), rêves intelligents (pendant lesquels le sujet accomplit des actes intelligents, écrit, fait de la musique, etc.), rêves suggérés.

5° Les facultés coordinatrices renaissent incomplètement; les facultés imaginatives et instinctives continuant à dominer la scène et l'emportant sur les premières ou facultés de raison, c'est la *vie somnambulique;* le sujet paraît éveillé, accomplit tous les actes de son existence; mais sa volonté affaiblie, son imagination exaltée, le laissent accessible aux suggestions, docile aux actes commandés.

6° Enfin, *les facultés coordinatrices* se retrouvent tout entières; l'équilibre est rétabli; le réveil est complet.

Cette conception ingénieuse ne me paraît pas conforme aux faits.

De toutes les observations, comme on a pu le voir dans l'exposé des phénomènes, il ressort que le somnambulisme actif (l'automatisme somnambulique actif et la vie somnambulique de Chambard) implique l'influence la plus profonde, le degré d'hypnotisme le plus avancé, le plus éloigné de l'état de veille. Tous les autres phénomènes d'ailleurs, l'automatisme moteur, la suggestion motrice, l'imitation et l'obéissance automatiques, se retrouvent chez le somnambule actif. Le même sujet qu'on hypnotise journellement n'arrive souvent, dans les premières séances, qu'à l'automatisme moteur; ce n'est qu'à la faveur d'hypnotisations répétées qu'il acquiert peu à peu l'aptitude à réaliser les hallucinations et rêves suggérés. C'est alors seulement que l'amnésie au réveil existe, témoignant d'une modification psychique plus intense que celle des périodes précédentes où le sujet assistait en pleine connaissance de cause à sa catalepsie et en conservait le souvenir précis.

Ceux qui ne présentent que l'automatisme moteur ne sont pas d'ailleurs de purs automates ; ils entendent et se rappellent à leur réveil avoir entendu ; souvent ils répondent aux questions ; ils essaient de résister aux suggestions, de lutter contre les attitudes ou mouvements commandés, la conscience n'est pas éteinte, la volonté subsiste, impuissante contre l'action automatique exagérée.

Même dans le somnambulisme actif, les facultés psychiques ne sont pas éteintes : le somnambule aussi résiste à certaines suggestions, refuse d'accomplir certains actes ; il réfléchit avant de répondre à certaines questions, il accomplit un travail intellectuel actif. D'ailleurs les actes, les illusions, les hallucinations posthypnotiques, commandés pendant l'hypnose, se réalisent après le réveil, alors que la conscience et les facultés coordinatrices ont certainement repris leur empire. Enfin, la manifestation de ces mêmes phénomènes à l'état de veille chez un sujet *compos sui*, étonné de ne pouvoir lutter contre l'automatisme qui le domine, montre bien qu'à tous les degrés de l'hypnose la conscience et la volonté peuvent survivre.

Quant à la léthargie, c'est-à-dire l'inertie complète, l'organisme réduit à la vie végétative, je ne l'ai pas observée ; tous mes hypnotisés, quelque inertes qu'ils parussent, étaient en relation par quelque sens avec le monde extérieur ; la suggestion vocale a toujours suffi à les réveiller.

La division de l'état hypnotique en degrés, telle que je l'ai établie d'après M. Liébeault, me paraît plus conforme aux données de l'observation.

L'influence la plus faible se traduit par une simple torpeur, avec occlusion des paupières.

Si la *suggestibilité* est plus grande, c'est la fonction motrice qui en subit d'abord les effets ; c'est la contracture suggestive, ce sont ensuite les mouvements automatiques suggestifs qui entrent en scène. L'obéissance automatique, l'anesthésie, les illusions sensorielles, et enfin les hallucinations provoquées marquent les étapes progressives du développement de cette suggestibilité, dont le point culminant est constitué par le somnambulisme actif et par la vie somnambulique.

CHAPITRE VIII.

Applications générales de la doctrine de la suggestion. — Point de vue moral et psychologique. — De l'éducation. — Point de vue juridique. — Suggestions criminelles. — Observation. — Des hallucinations rétroactives. — Affaire de Tisza-Eslar. — Imbécillité instinctive. — Thérapeutique suggestive.

A tous les points de vue, la doctrine de la suggestion, telle que nous l'avons établie sur les faits d'observation, soulève les questions les plus palpitantes. En psychologie, c'est une révolution ! Que de problèmes cette étude, encore dans l'enfance, n'est-elle pas appelée à résoudre ! Jusqu'à quel point la suggestion a-t-elle prise sur les cerveaux les plus divers choisis dans les classes intelligentes raffinées par l'éducation comme dans les classes modestes offrant moins de résistance cérébrale ? Jusqu'à quel point les passions, les instincts, les goûts, les facultés psychiques peuvent-elles être modifiées par une suggestion prolongée et habilement conduite, soit à l'état de veille, soit à l'état hypnotique ? L'éducation de l'enfant, les notions et les principes inculqués à son cerveau par la parole et par l'exemple, les doctrines philosophiques et religieuses dans lesquelles il est bercé dès son plus jeune âge, n'est-ce pas déjà une véritable suggestion à l'état de veille qui, si elle est méthodiquement pratiquée, dirigée dans un sens uniforme, si elle n'est pas contrecarrée par des idées ou des exemples contradictoires, s'impose souvent avec une force irrésistible ? Les hommes mûrs, dont l'expérience personnelle a plus tard affranchi le cerveau, conservent souvent, en dépit de toute leur indépendance d'esprit, de toute leur libre raison, un vieux fonds d'idées dont ils ne peuvent plus se départir, parce qu'elles se sont incarnées dans leur cerveau à la faveur d'une longue suggestion antérieure, bien que ces idées semblent jurer avec les allures nouvelles de leur état psychique. « Sans que l'on s'en rende compte, dit M. Liébeault, on acquiert des notions morales et politiques, des préjugés de famille, de race, etc.; on s'imprègne des idées qui font atmosphère autour de soi. Il est des principes sociaux et religieux qui ne devraient pas résister devant le sens commun, pour ne pas dire devant la raison, auxquels on croit de bonne foi et que l'on défend comme son propre bien. Ces principes étaient ceux des ancêtres; ils sont même nationaux; ils se sont incarnés des pères aux fils; les détruire par le raisonnement est impossible et, par la force, c'est dangereux; on a beau en démontrer la fausseté; il y a dans les hommes des pensées par imitation qui, tout absurdes qu'elles sont, font corps avec eux-mêmes et finissent par se transmettre de génération en génération, à la façon des instincts. »

Ce qu'une suggestion à l'état de veille peut réaliser sur certains cerveaux jeunes et vierges, la suggestion hypnotique qui supprime le contrôle, l'effectue de force, pour ainsi dire, et comme par effraction, les maîtres du logis étant absents, avec une efficacité bien autrement puissante. Est-il vrai de dire, avec Durand, que le braidisme nous fournit la base d'une orthopédie intellectuelle et morale qui, certainement, sera inaugurée un jour dans les maisons d'éducation et dans les établissements pénitentiaires?

Au point de vue juridique et médico-légal, que d'applications! Quand on voit un sujet, tombé spontanément ou mis artificiellement en vie somnambulique, instrument docile et sans volonté aux mains d'un autre, subir toutes les influences, accomplir tous les actes, on ne peut se défendre d'une vive émotion! Et quand on le voit, réveillé de son sommeil hypnotique, exécuter un ordre commandé, croyant le faire de sa propre initiative, on ne peut s'empêcher de répéter avec M. Ribot[1] la phrase de Spinoza : « Notre illusion du libre arbitre n'est que l'ignorance des motifs qui nous font agir. »

Il appartient aux moralistes, aux psychologues, aux médecins légistes de scruter avec courage les grandes questions de cet ordre qui s'imposent à la conscience humaine.

Je veux montrer seulement par un exemple combien les phénomènes de suggestion psychique, tels que l'expérimentation les a réalisés sur nos sujets, peuvent être exploités dans un intérêt coupable. L'observation suivante, que je rapporte d'après Pr. Despine, est extraite du compte rendu des audiences du 29 et du 30 juillet 1865 des assises de Draguignan.

« Le 31 mars 1865, un mendiant arriva au hameau de Guiols (Var). Il avait 25 ans environ; il était estropié des deux jambes. Il demanda l'hospitalité au nommé H... qui habitait ce hameau avec sa fille. Celle-ci était âgée de 26 ans, et sa moralité était par-

1. Ribot, les Maladies de la volonté. Paris, 1883.

SUGGESTION DANS L'ÉTAT HYPNOTIQUE ET DANS L'ÉTAT DE VEILLE.

« Le 31 mars 1865, un mendiant arriva au hameau de Cujols (Var). Il avait 25 ans environ ; il était estropié des deux jambes. Il demanda l'hospitalité au nommé H... qui habitait ce hameau avec sa fille. Celle-ci était âgée de 26 ans, et sa moralité était par-// faite. Le mendiant, nommé Castellan, simulant la surdi-mutité, fit comprendre par des signes qu'il avait faim ; on l'invita à souper. Pendant le repas, il se livra à des actes étranges qui frappèrent l'attention de ses hôtes : il affecta de ne faire remplir son verre qu'après avoir tracé sur cet objet et sur sa propre figure le signe de la croix. Pendant la veillée, il fit signe qu'il pouvait écrire. Alors il traça les phrases suivantes : « Je suis le fils de Dieu, je suis du ciel, et mon nom est : Notre-Seigneur ! Car vous voyez mes petits miracles, et plus tard, vous en verrez de plus grands. Ne croyez rien de moi, je suis envoyé de Dieu. » Il prétendait connaître l'avenir et annonçait que la guerre civile éclaterait dans six mois. Ces actes absurdes impressionnèrent les assistants, et Joséphine H... en fut vivement émue : elle se coucha habillée, par crainte du mendiant. Ce dernier passa la nuit au grenier à foin, et le lendemain, après avoir déjeuné, il s'éloigna du hameau. Il y revint bientôt, après s'être assuré que Joséphine resterait seule pendant toute la journée. Il la trouva occupée des soins du ménage et s'entretint pendant quelque temps avec elle à l'aide de signes. La matinée fut employée par Castellan à exercer sur cette fille une sorte de fascination. Un témoin déclare que, tandis qu'elle était penchée sur le foyer de la cheminée, Castellan, penché sur elle, lui faisait avec la main, sur le dos, des signes circulaires et des signes de croix ; pendant ce temps, elle avait les yeux hagards. (Peut-être l'avait-il mise alors en somnambulisme.) A midi, ils se mirent à table ensemble. A peine le repas était-il commencé, que Castellan fit un geste, comme pour jeter quelque chose dans la cuiller de Joséphine. Aussitôt la jeune fille s'évanouit. Castellan la prit, la porta sur son lit, et se livra sur elle aux derniers outrages. Joséphine avait conscience de ce qui se passait, mais, retenue par une force invincible, elle ne pouvait faire aucun mouvement, ni pousser un cri, quoique sa volonté protestât contre l'attentat qui était commis sur elle. (Elle était alors en léthargie lucide.) Revenue à elle, elle ne cessa pas d'être sous l'empire de Castellan, et, à 4 heures de l'après-midi, au moment où cet homme s'éloignait du hameau, la malheureuse, entraînée par une influence à laquelle elle cherchait en vain à résister, abandonnait la maison

Pagination incorrecte — date incorrecte

NF Z 43-120-12

paternelle, et suivait éperdue ce mendiant, pour lequel elle n'éprouvait que de la peur et du dégoût. Ils passèrent la nuit dans un grenier à foin, et le lendemain ils se dirigèrent vers Collobrières. Le sieur Sauteron les rencontra dans un bois et les amena chez lui. Castellan lui raconta qu'il avait enlevé cette fille après avoir surpris ses faveurs. Joséphine lui fit part aussi de son malheur, en ajoutant que, dans son désespoir, elle avait voulu se noyer. Le 3 avril, Castellan, suivi de cette jeune fille, s'arrêta chez le sieur Coudroyer, cultivateur. Joséphine ne cessait de se lamenter et de déplorer la malheureuse situation dans laquelle la retenait le pouvoir irrésistible de cet homme. Ayant peur des outrages dont elle craignait d'être encore l'objet, elle demanda à coucher dans une chambre voisine. Castellan s'approcha d'elle au moment où elle allait sortir, il la saisit sous les hanches et *aussitôt elle s'évanouit*. Puis, bien que, d'après les déclarations des témoins, elle fût comme morte, on la voit, sur l'ordre de Castellan, monter les marches de l'escalier, les compter, puis rire convulsivement. Il fut constaté qu'elle se trouvait alors complètement insensible. (Elle se trouvait alors en somnambulisme.)

« Le lendemain 4 avril, elle descendit dans un état qui ressemblait à de la folie ; elle déraisonnait et refusait toute nourriture. Elle invoquait Dieu et la Vierge. Castellan, voulant donner une nouvelle preuve de son ascendant sur elle, lui ordonna de faire à genoux le tour de la chambre, et elle obéit. Émus de la douleur de cette malheureuse et indignés de l'audace avec laquelle son séducteur abusait de son pouvoir sur elle, les habitants de la maison chassèrent le mendiant, malgré sa résistance. A peine avait-il franchi la porte que Joséphine tomba comme morte. On rappela Castellan ; celui-ci fit sur elle divers signes, et lui rendit l'usage de ses sens. La nuit venue, elle alla reposer avec lui.

« Le lendemain, ils partirent ensemble. On n'avait pas osé empêcher Joséphine de suivre cet homme. Tout à coup, on la vit revenir en courant. Castellan avait rencontré des chasseurs, et pendant qu'il causait avec eux, elle avait pris la fuite. Elle demandait en pleurant qu'on la cachât, qu'on l'arrachât à cette influence. On la ramena chez son père, et depuis lors elle ne paraît pas jouir de toute sa raison.

« Castellan fut arrêté. Il avait été déjà condamné correctionnellement. La nature paraît l'avoir doué d'une puissance magnétique peu commune ; c'est à cette cause qu'il faut attribuer l'influence qu'il avait exercée sur Joséphine, dont la constitution se prêtait merveilleusement au magnétisme, ce qui a été constaté par diverses expériences auxquelles l'ont soumise les médecins experts. Castellan reconnut que c'est par des passes magnétiques que fut causé l'évanouissement de Joséphine qui précéda le viol. Il avoua avoir eu deux fois des rapports avec elle dans un moment où elle n'était ni endormie ni évanouie, mais où elle ne pouvait donner un consentement libre aux actes coupables dont elle était l'objet (c'est-à-dire dans un état de léthargie lucide). Les rapports qu'il eut avec elle la seconde nuit qu'ils passèrent à Capelude eurent lieu dans les conditions suivantes : Joséphine ne s'est pas doutée de l'acte coupable dont elle fut victime, et c'est Castellan qui lui raconta le matin qu'il l'avait possédée pendant la nuit. Deux autres fois, il avait abusé d'elle de la même manière, sans qu'elle s'en doutât. (C'est-à-dire qu'elle était dans un sommeil somnambulique.)

« Depuis qu'elle est soustraite à l'influence de cet homme, Joséphine a recouvré la raison. Elle dit dans sa déposition devant la Cour : « Il exerçait sur moi une telle influence à l'aide de ses « gestes (passes) que je suis tombée plusieurs fois comme morte. Il « a pu alors faire de moi ce qu'il a voulu. Je comprenais ce dont « j'étais victime, mais je ne pouvais ni parler ni agir, et j'endurais « le plus cruel des supplices. » (Elle faisait allusion à ses accès de léthargie lucide ; quant à ses états de somnambulisme, elle n'en avait pas eu conscience.)

« Trois médecins, les D⁻ Hériart, Paulet et Théus, ont été appelés à éclairer le jury sur les effets du magnétisme. Ils ont confirmé par leurs déclarations les conclusions du rapport médico-légal rédigé à l'occasion de cette affaire par les D⁻ Auban et Roux, de Toulon. Castellan a été condamné à douze ans de travaux forcés. »

A l'époque où ces faits se passaient, les phénomènes du somnambulisme n'étaient pas connus comme ils le sont aujourd'hui. Nos lecteurs apprécieront sans hésitation tous les détails de cette curieuse observation.

Ici, l'état psychique de la malheureuse victime, dû à des manœuvres coupables, peut être facilement établi. Mais que de suggestions inconscientes dont l'origine reste douteuse !

J'ai parlé des suggestions post-hypnotiques dont sont susceptibles beaucoup de dormeurs profonds; on peut chez eux provo-

quer des actes ou des hallucinations qui auront lieu plusieurs
jours, même plusieurs semaines après le réveil, auxquels ils ne
pourront se soustraire et dont ils ignoreront l'origine.

Il y a plus. Depuis que j'ai publié ces faits, j'ai pu constater que
chez beaucoup on peut développer de véritables *hallucinations
rétroactives;* on peut leur suggérer qu'à un moment déterminé
ils ont vu tel fait, commis tel acte, dont l'image créée dans leur
cerveau apparaît comme un souvenir vivant qui les domine, au
point qu'il est pour eux une réalité incontestable.

Voici, par exemple, une de mes somnambules, Marie G...,
femme *intelligente, impressionnable,* nullement hystérique. Je la
mets en sommeil profond et je lui dis : « Vous vous êtes levée
dans la nuit. » Elle répond : « Mais non. » J'insiste : « Vous vous
êtes levée quatre fois pour aller à la selle ; et la quatrième fois
vous êtes tombée sur le nez. Cela est certain ; et quand vous vous
réveillerez, personne ne pourra vous faire croire le contraire. » A
son réveil, je lui demande : « Comment cela va? » — « Bien, me
dit-elle, mais cette nuit, j'ai eu de la diarrhée, je me suis levée
quatre fois ; même je suis tombée et me suis fait mal au nez. »
Je lui réponds : « Vous avez rêvé cela; vous ne m'aviez rien dit
tout à l'heure ; aucune malade ne vous a vue. » Elle persiste dans
son affirmation ; elle n'a pas rêvé ; elle a parfaitement conscience
de s'être levée ; toutes les malades dormaient, et elle reste convaincue que c'est arrivé.

Un autre jour, pendant son sommeil, je lui demande dans
quelle maison elle habite et quels sont ses colocataires. Elle me
dit entre autres que le premier étage est habité par une famille,
père, mère, plusieurs petites filles et un vieux garçon restant chez
eux. Alors je lui dis ce qui suit : « Le 3 août (il y a quatre mois
et demi), à trois heures de l'après-midi, vous rentriez chez vous ;
arrivée au premier étage, vous avez entendu des cris sortant d'une
chambre, vous avez regardé par le trou de la serrure ; vous avez
vu le vieux garçon commettant un viol sur la petite fille ; vous l'avez
vu ; la petite fille se débattait, elle saignait ; il lui mit un bâillon
sur la bouche. Vous avez tout vu ; et vous avez été tellement saisie
que vous êtes rentrée chez vous et que vous n'avez rien osé dire.
Quand vous vous réveillerez, vous n'y penserez plus ; ce n'est pas
moi qui vous l'ai dit ; ce n'est pas un rêve, ce n'est pas une vision
que je vous ai donnée pendant votre sommeil magnétique ; c'est la
réalité même ; et si la justice vient plus tard faire une enquête sur

ce crime, vous direz la vérité. » Cela dit, je change le cours de ses idées, je détermine des suggestions plus gaies; à son réveil, je ne lui parle plus de ce fait. Trois jours après, je prie un de mes amis, avocat distingué, d'interroger cette femme, comme s'il était juge d'instruction. En mon absence, elle lui raconte les faits dans tous leurs détails, donnant les noms de la victime, du criminel, l'heure exacte du crime; elle maintient ses dires énergiquement; elle sait quelle est la gravité de son témoignage; si on l'appelle à comparaître devant les assises, malgré l'émotion qu'elle en ressent, elle dira la vérité, puisqu'il le faut; elle est prête à jurer devant Dieu et les hommes! M'étant approché de son lit après la déposition, mon ami, faisant office de magistrat, la fit répéter devant moi. Je lui demandai si c'était bien la vérité, si elle n'avait pas rêvé, si ce n'était pas une vision comme celle que j'avais l'habitude de lui donner pendant son sommeil. Elle maintint avec une conviction inébranlable son témoignage. Cela fait, je l'endormis pour déraciner cette suggestion. « Tout ce que vous avez dit au juge d'instruction, lui dis-je, n'est pas: vous n'avez rien vu le 3 août; vous ne savez plus rien de rien; vous ne vous rappellerez même pas que vous avez parlé au juge d'instruction; il ne vous a rien demandé et vous ne lui avez rien dit. » A son réveil, je lui dis : « Qu'avez-vous dit à Monsieur, tantôt? » — « Je n'ai rien dit. » — « Comment, vous n'avez rien dit, dit le magistrat, vous m'avez parlé d'un crime qui a eu lieu dans votre maison le 3 août; vous avez vu le nommé X., etc. » La femme Marie G. resta interdite. La nouvelle du crime la suffoquait; elle n'en avait jamais entendu parler. Quand M. X. insista, lui disant qu'elle-même avait signalé ce crime, elle n'y comprit rien; une violente émotion la saisit à la nouvelle qu'elle serait appelée en justice pour témoigner. Et pour calmer cette émotion, je dus l'endormir de nouveau et passer l'éponge sur toute cette scène véritablement effrayante de réalité. A son nouveau réveil, le souvenir de tout était effacé sans retour et le lendemain, conversant avec elle et amenant à dessein la conversation sur les gens de sa maison, elle m'en parla naturellement comme si jamais il n'en avait été question entre nous.

Il y a plus encore. Nous avons vu que certains sujets hypnotisables peuvent, sans être hypnotisés de nouveau, par simple affirmation à l'état de veille, subir des illusions ou des hallucinations variables; ceux-ci peuvent subir de même des hallucinations rétroactives; ce qui se passe pathologiquement chez les aliénés juge d'instruction. En mon absence, elle lui raconte les faits dans tous leurs détails, donnant les noms de la victime, du criminel, l'heure exacte du crime; elle maintient ses dires énergiquement; elle sait quelle est la gravité de son témoignage; si on l'appelle à comparaître devant les assises, malgré l'émotion qu'elle en ressent, elle dira la vérité, puisqu'il le faut; elle est prête à jurer devant Dieu et les hommes! M'étant approché de son lit après la déposition, l'avocat, faisant office de magistrat, la fit répéter devant moi. Je lui demandai si c'était bien la vérité, si elle n'avait pas rêvé, si ce n'était pas une vision comme celles que j'avais l'habitude de lui donner pendant son sommeil; je l'engageai à se défier d'elle-même. Elle maintint avec une conviction inébranlable son témoignage.

Cela fait, je l'endormis pour déraciner cette suggestion. « Tout ce que vous avez dit au juge d'instruction, lui dis-je, n'est pas : vous n'avez rien vu le 3 août; vous ne savez plus rien de rien; vous ne vous rappellerez même pas que vous avez parlé au juge d'instruction; il ne vous a rien demandé et vous ne lui avez rien dit. » A son réveil, je lui dis : « Qu'avez-vous dit à Monsieur, tantôt? » — « Je n'ai rien dit. » — « Comment, vous n'avez rien dit, dit le magistrat, vous m'avez parlé d'un crime qui a eu lieu dans votre maison le 3 août; vous avez vu le nommé X., etc. » Marie G. resta interdite. La nouvelle du crime la suffoquait; elle n'en avait jamais entendu parler. Quand M. X. insista, lui disant qu'elle-même avait signalé ce crime, elle n'y comprit rien; une violente émotion la saisit à la nouvelle qu'elle serait appelée en justice pour témoigner. Et pour calmer cette émotion, je dus l'endormir de nouveau et passer l'éponge sur toute cette scène véritablement effrayante de réalité. A son nouveau réveil, le souvenir de tout était effacé sans retour et le lendemain, conversant avec elle et amenant à dessein la conversation sur les gens de sa maison, elle m'en parla naturellement comme si jamais il n'en avait été question entre nous.

Il y a plus encore. Nous avons vu que certains sujets hypnotisables peuvent, sans être hypnotisés de nouveau, *par simple affirmation à l'état de veille*, subir des illusions ou des hallucinations variables; ceux-ci peuvent subir de même des hallucinations rétroactives; ce qui se passe pathologiquement chez les aliénés qui se figurent avoir assisté à telle scène, avoir commis tel acte, meurtre ou vol, et retracent tous les détails du crime dont ils ont été acteurs ou spectateurs, peut être réalisé artificiellement chez certaines personnes, par simple affirmation, avec une facilité effrayante.

A Sch..., l'un de mes somnambules, je dis : « Vous avez vu cette nuit, mon chef de clinique, M. le Dr G..., à côté de votre lit, il s'est trouvé mal, il a vomi ; même, vous lui avez donné votre mouchoir pour s'essuyer. » Il resta convaincu que c'était arrivé ! L'idée suggérée s'imposait comme image rétrospective réelle à son cerveau. Une heure après, ayant rencontré M. le Dr G..., Sch... lui dit : « Je vous ai vu cette nuit ; vous étiez bien malade. » — « Comment, vous m'avez vu, je n'étais pas à l'hôpital ! » — « Je vous ai bien vu, il était 4 heures 5 minutes ; vous étiez malade ; c'était une indisposition ; il n'y avait pas de votre faute. »

Un autre jour, je lui dis : « Vous êtes sorti de la salle ce matin ; vous avez été devant la chapelle, vous avez regardé par le trou de la serrure ; deux hommes se battaient, etc. » — Il l'avait vu, et le lendemain, l'ayant fait mander dans mon cabinet auprès d'une personne se faisant passer pour commissaire de police, il raconta les faits, donna le signalement des ouvriers ; l'un avait eu le bras cassé, il l'avait vu porter en civière dans la salle de chirurgie ; c'est lui qui avait commencé la querelle. Il se déclara prêt à témoigner en justice et à prêter serment. Le pseudo-commissaire lui ayant insinué en mon absence que c'était peut-être une illusion, une idée suggérée par moi, il parut vexé de cette observation et maintint énergiquement qu'il avait vu et ne disait que ce qu'il avait vu. J'ajoute que cet homme jouit de sa raison ; malade guéri, il fait office d'infirmier auxiliaire au service et a des antécédents honnêtes.

Ces faits ne sont pas isolés. Un de mes honorés collègues de la Faculté de droit, M. Liégeois, a fait, en même temps que moi, des expériences nombreuses du même ordre, à l'état de veille et à l'état de sommeil, sur d'autres sujets hypnotisables ; il est arrivé à des résultats concordants. De graves réflexions surgissent ! Qu'y puis-je ? Faut-il étouffer la vérité ?

L'idée de ces expériences m'a été inspirée par un procès récent qui a vivement passionné l'opinion.

On connaît l'affaire de Tisza-Eslar. Une jeune fille de 14 ans, appartenant à la confession réformée, disparaît. Dix-neuf familles juives habitent ce village hongrois. Bientôt le bruit se répand que les juifs l'ont tuée pour avoir son sang ; c'était la veille de Pâque ; ils ont mêlé son sang chrétien au pain sans levain de leur Pâque. Un cadavre repêché plus tard dans la Theiss est reconnu par six personnes comme étant celui de la jeune fille ; mais la mère restait incrédule, et d'autres témoins, choisis par elle, refusèrent de reconnaître le cadavre. La passion antisémitique était soulevée ; l'opinion était faite. Treize malheureux juifs furent arrêtés. Le juge d'instruction, grand ennemi d'Israël, s'occupe avec une activité féroce à confirmer la conjecture que sa haine aveugle a conçue. Le sacristain de la synagogue avait un fils âgé de 13 ans : il le cita devant lui. L'enfant ne savait rien du meurtre. Mais le juge voulant à toute force établir ce qu'il croit ou veut être la vérité, le confie au commissaire de sûreté, expert pour extorquer des aveux ; celui-ci l'emmène dans sa maison. Quelques heures après, l'enfant avait avoué : son père avait attiré la jeune fille chez lui, puis l'avait envoyée à la synagogue. Moritz — c'était le nom de l'enfant — avait entendu un cri, était sorti, avait collé son œil à la serrure du temple, avait vu Esther étendue à terre ; trois hommes la tenaient ; le boucher la saignait à la gorge et recueillait son sang dans deux assiettes ! Séquestré pendant trois mois, confié à un gardien qui ne le quitte pas, l'enfant, arrivé à l'audience, persiste dans ses aveux : la vue de son malheureux père et de ses douze coreligionnaires que la potence menace, les supplications les plus ardentes pour l'engager à dire la vérité, les pleurs et les malédictions, rien ne l'émeut ; il répète sans se lasser les mêmes choses dans les mêmes termes : il a vu. On sait que la justice finit par triompher ; tous les amis de la Hongrie et de la civilisation s'en sont réjouis.

Comment expliquer les aveux de l'enfant ? Deux hypothèses sont possibles. La terreur, la violence, les menaces ont pu arracher une déposition mensongère ; et l'on sait combien chez les enfants et même chez les adultes l'entêtement dans le mensonge devient opiniâtre, par cela seul qu'on a vécu pendant des semaines avec l'habitude de ce mensonge ; ajoutez la flatterie suivant la violence, la promesse d'une existence semée de roses pour récompenser la persévérance dans le mensonge imposé. Cela est possible ! Et cependant, je ne conçois pas volontiers une perversion morale aussi monstrueuse, aussi rapidement développée chez un enfant qui, jusque-là, n'avait pas témoigné de mauvais instincts.

Que la terreur arrache un témoignage mensonger à une âme faiblement trempée, c'est dans la nature des choses ! Mais placé en présence d'un père qui souffre et implore, que l'enfant, sourd à toutes les supplications, maintienne consciemment sa déposition, sachant qu'elle entraînera la peine capitale, qu'il continue nonobstant à débiter envers et contre tous sa petite histoire qu'il sait inventée de toutes pièces, c'est une persévérance rare de monstruosité morale.

Voici l'autre hypothèse : L'enfant est amené devant le juge d'instruction : humble, déprimé dans le milieu pauvre où il est élevé, il tremble devant le personnage qui représente la Force et la Justice. Seul, éperdu, face à face avec le commissaire de sûreté auquel on l'a livré, il est terrorisé. L'autre lui persuade avec conviction que les juifs sont une race maudite pour qui verser le sang chrétien est une œuvre pie ; ils ont l'habitude d'arroser de ce sang le pain sans levain de leur Pâque ; ce n'est pas le premier procès de ce genre. Dans un langage coloré, plein d'assurance, il lui raconte les détails circonstanciés et réalistes de scènes analogues. L'imagination du pauvre enfant nerveux, fasciné par la terreur, est vivement frappée : il est tout yeux, tout oreilles ; ses facultés de raison sont paralysées par l'émotion. Les paroles du personnage font impression sur son faible esprit ; et peu à peu l'impression profonde et persistante devient image ; sous l'influence de cette suggestion vigoureuse, le cerveau hypnotisé construit de toutes pièces la scène que le commissaire évoque : tout est là : l'enfant voit la victime couchée, tenue par trois personnes, le sacrificateur plongeant son couteau dans la gorge, le sang s'écoulant : l'enfant a vu : l'hallucination rétroactive est créée, comme on la crée expérimentalement dans le sommeil profond, et le souvenir de la vision fictive est si vivant, que l'enfant ne peut s'y soustraire. Telle une scène dramatique vigoureusement esquissée par un romancier s'impose à l'imagination avec autant de lumière que la réalité même.

J'ignore si cette hypothèse est la vraie : le fait même de la conversion rapide de l'enfant, due aux manœuvres habiles de ses instructeurs, semble dénoter un cerveau accessible aux suggestions. L'étude psychique de ce témoin par une commission de médecins pénétrés de ces faits eût permis sans doute de mesurer la suggestibilité de ce cerveau, de constater s'il était hypnotisable, peut-être de faire jaillir la vérité.

J'ai cherché à établir que l'hypnotisme ne crée pas en réalité un état nouveau : rien ne se passe dans le sommeil provoqué qui ne puisse se produire, à un degré rudimentaire chez beaucoup, à un degré presque égal chez quelques-uns, à l'état de veille. Certaines personnes sont naturellement suggestibles; elles sont normalement, au point de vue psychique, dans cet état que nous avons appelé hypotaxie ou charme, qui les rend incapables de se conduire dans la vie, qui affaiblit ou supprime chez elles toute résistance morale. Des hommes distingués sous bien des rapports, doués de qualités artistiques ou intuitives brillantes, sont souvent de grands enfants, comme si toute leur puissance intellectuelle était concentrée dans une ou deux facultés imaginatives. Tout le monde a connu ces enfants prodiges, ces calculateurs par exemple, comme Mondeux, comme Inaudi, qui par une puissance d'abstraction native prodigieuse, résolvaient de tête les problèmes les plus compliqués, mais incapables d'efforts intellectuels à d'autres points de vue. Ici au moins un immense talent qui peut toucher au génie compense la désharmonie des fonctions cérébrales. D'autres n'ont pas cette compensation.

Qui n'a vu de ces êtres déshérités, qui ne sont pas dépourvus d'intelligence, capables de s'assimiler les notions courantes, pouvant même briller dans un salon et faire illusion sur leur valeur, remplissant bien lorsqu'ils sont bien dirigés leurs devoirs sociaux, mais en réalité dépourvus d'initiative et de volonté, sans résistance morale, marchant comme le vent, c'est-à-dire comme la suggestion les pousse? je dirai volontiers qu'ils sont atteints d'*imbécillité instinctive*.

Sous le nom de folie *instinctive* ou folie des actes, folie morale, folie lucide, manie raisonnante, les aliénistes décrivent « un état morbide qui se traduit moins par le délire intellectuel, moins par le désordre dans les idées et les propos que par l'extravagance des sentiments et actions qui paraissent être le résultat d'une impulsion instinctive, automatique, irréfléchie, sans que la réflexion, le raisonnement interviennent pour les diriger, comme cela a lieu chez l'homme sensé ». (A. Foville.) « Ces malades sont fous, dit Trélat, mais ne paraissent pas fous, parce qu'ils s'expriment avec lucidité. Ils sont fous dans leurs actes plutôt que dans leurs paroles. Ils ont assez d'attention pour ne laisser échapper rien de ce qui se passe autour d'eux, pour ne laisser sans réponse rien de ce qu'ils entendent, souvent pour ne faire aucune omission dans l'accomplissement d'un projet..... Leur déraison n'est connue que dans leur intérieur et ne se fait pas jour au dehors. C'est parmi eux que se trouvent un assez grand nombre d'êtres tantôt considérés comme aliénés, tantôt comme

malfaiteurs, et qui ont alternativement résidé dans les asiles ou
dans les prisons. »

On en voit parmi eux qui sont d'une force rare dans la discus-
sion, qui ont le don de la réplique et cherchent constamment l'occasion de faire briller leur esprit. « Il est de ces malades, dit
Guislain, qui sont capables de désarçonner les logiciens solides.
Leurs controverses sont parfois on ne peut plus spirituelles. Je
me rappelle une dame qui était un vrai tourment pour moi
comme pour toutes les personnes de l'établissement. Chaque fois
que la conversation s'engageait, j'avais à lutter contre ces assauts
d'esprit. Toutes ses réponses étaient passées au creuset de l'analyse
et cela avec une profondeur de vues qui étonnait tout le monde. »

A côté de cette folie instinctive, je classe l'imbécillité instinctive,
et sous cette dénomination je range la catégorie des êtres dont j'ai
parlé, qui ne sont pas fous, qui ne commettent pas spontanément
d'actes déraisonnables, qui n'ont pas d'impulsion monomaniaque;
ce sont des imbéciles lucides; ils parlent bien, raisonnent correctement, sont sensés, quelquefois brillants dans la conversation;
ils peuvent mettre de la finesse et de l'intelligence à accomplir
les projets qu'ils ont conçus; mais la partie instinctive, affective,
sentimentale, de l'être moral, qui commande les actes de la vie,
est comme atrophiée. Ils n'ont pas de spontanéité morale; ils ne
savent pas se conduire; comme les somnambules au point de vue
psychique, ils obéissent à toutes les suggestions, subissent facilement toutes les impulsions étrangères. Cet état psychique comporte d'ailleurs des degrés variables: depuis la simple faiblesse
instinctive jusqu'à l'idiotie instinctive absolue. Sous une bonne
direction, ces êtres déshérités du sens moral peuvent accomplir
une carrière heureuse et bienfaisante, fécondée par d'honnêtes
inspirations. D'autres échouent tristement dans la fange ou devant
les tribunaux.

Voilà une jeune fille élevée dans de bons principes que tous
s'accordaient à considérer comme douce et honnête. Elle se
marie, les premières années sont heureuses; elle paraît épouse
dévouée et bonne mère. Un jeune homme s'empare de son
imagination; son mari, aux prises avec les difficultés de l'existence, la néglige; elle se donne à ce jeune homme. Plus tard, le
mari rumine des idées de vengeance contre ce jeune homme qui,
après avoir séduit sa femme, a fondé un établissement rival qui
prospère, tandis que le sien périclite. Pour assouvir sa vengeance,

il captive de nouveau l'esprit de sa femme, lui persuade que son rival est cause de leur malheur, lui insinue qu'il faut le tuer, que sa réhabilitation morale est au prix de ce meurtre. Elle se laisse aller à cette suggestion ; docile, cédant aux menaces, elle donne rendez-vous à son ancien amant et, sous prétexte de renouer des relations interrompues, froidement, sans émotion, elle le conduit à son mari qui l'assassine ; aucun remords, aucun regret n'agite sa conscience, elle ne paraît pas se douter de l'énormité de son crime.

Rien dans ses antécédents ne faisait prévoir cette perversion monstrueuse du sens moral. Devant le jury, sa maîtresse de pension affirme que c'était l'élève la plus docile, la mieux disciplinée. Un témoin dont on a ri à l'audience parce qu'on ne l'a pas compris, a dit d'elle : « C'était une pâte molle ; elle allait au vice aussi bien qu'à la vertu. » Traduit en langage psychologique : c'était un cerveau suggestible ; elle était docile à toutes les suggestions. J'ajoute que le sens moral ne faisait pas contrepoids à la suggestibilité excessive. C'était moins une perversion peut-être qu'une absence native du sens moral ; c'était une *imbécillité instinctive*.

Je ne prétends pas que mon interprétation soit vraie ; il suffit à ma thèse qu'elle soit plausible. Loin de ma pensée d'ailleurs que tous les criminels soient fous ou inconscients ; chaque fait doit être étudié dans ses circonstances, dans ses causes, dans ses antécédents, dans l'état moral de celui qui l'a perpétré. Car, qui oserait prétendre que le degré de culpabilité se mesure à la gravité seule de l'acte commis ?

Je m'arrête ! Je n'ai voulu qu'effleurer une question qui touche aux intérêts les plus graves de la justice et de la société, laissant à de plus compétents que moi le soin de scruter davantage et de déduire les conclusions. Il m'a semblé que l'étude expérimentale des phénomènes hypnotiques pouvait éclairer de quelque lumière ce champ encore si obscur de la responsabilité morale. C'est avec prudence et réserve qu'il faut s'aventurer sur ce terrain dangereux ; j'ai exposé mes doutes, mes scrupules, je n'ose dire mes convictions.

Il me reste à étudier la doctrine de la suggestion appliquée à la thérapeutique ; c'est le point de vue que comme médecin et professeur de clinique, j'ai le devoir d'étudier d'une façon spéciale. Existe-t-il une thérapeutique suggestive ? Je n'hésite pas,

m'appuyant sur de nombreux faits, à répondre affirmativement,
sans vouloir dire que cette thérapeutique soit toujours applicable,
ni toujours efficace. Ce n'est pas dans un but oiseux, ce n'est
même pas dans le seul but de satisfaire une vaine curiosité scientifique, que j'ai abordé cette étude, et que je l'ai poursuivie rigoureusement, malgré bien des sourires. Mes observations de thérapeutique suggestive feront l'objet d'un mémoire ultérieur.

Note A.

Comme exemple d'hallucination post-hypnotique à longue échéance, je cite encore le fait suivant : Samedi, le 22 décembre, je dis à la dame G... dont il a été question à plusieurs reprises, après l'avoir hypnotisée : « Mardi prochain, en 3 semaines, c'est-à-dire dans 25 jours, quand je passerai devant votre lit à la visite du matin, vous verrez avec moi mon collègue, M. V. P. Il vous demandera de vos nouvelles, vous lui raconterez les détails de votre maladie et vous lui causerez de choses qui vous intéressent. » A son réveil, elle ne se souvient de rien; jamais je ne fais la moindre allusion devant elle à cette suggestion à laquelle je n'ai initié aucun de mes élèves. Dans l'intervalle, elle est hypnotisée à diverses reprises, d'autres suggestions lui sont faites, on prend ses photographies en diverses attitudes hypnotiques. Le mardi 15 janvier, à la visite, je m'arrête sans affectation, comme d'habitude, à son lit, elle regarde à sa gauche et salue respectueusement : « Ah ! M. V. P. ! » Après quelques instants, elle répond à une question fictive : « Je vais beaucoup mieux; je n'ai plus de douleurs. Malheureusement mon genou reste luxé et je ne puis marcher qu'avec un appareil. » Elle écoute un nouveau propos de son interlocuteur, puis répond : « Je vous remercie beaucoup. Vous savez que j'ai nourri les enfants de M. B., adjoint au maire, votre collègue. Si vous pouviez me recommander à lui, il aiderait peut-être à mon placement dans un hospice d'infirmes ! » Elle écoute encore, puis remercie, s'incline, et suit de l'œil l'image de mon collègue jusqu'à la porte. « Saviez-vous, lui dis-je, que M. V. P. viendrait vous voir aujourd'hui. — Nullement, me dit-elle. » Elle m'affirma n'avoir eu aucune idée, aucun pressentiment de cette visite. Voilà donc une hallucination complexe éclose après 25 jours de suggestion.

L'expérience suivante faite chez la même personne montre comment la mémoire inconsciente de certains faits accomplis pendant le somnambulisme peut être évoquée partiellement et spontanément par une sorte d'associations d'idées-souvenirs.

Un jour, on prend sa photographie à l'état de veille, puis elle est hypnotisée ; et on reprend sa photographie dans diverses attitudes suggérées : colère, frayeur (vue d'un serpent), gaîté (ivresse), dédain (vue d'étudiants la ricanant), extase. Quelques jours plus tard, l'ayant hypnotisée, je lui dis : « A votre réveil, vous ouvrirez le livre qui est à votre chevet et vous y trouverez votre photographie; » je ne lui dis que cela. A son réveil, elle prend le livre, l'ouvre, y trouve sa photographie (fictive, il n'y en avait pas !), demande si elle peut la garder et l'envoyer à son fils. « La trouvez-vous ressemblante ? lui dis-je. — Très ressemblante, j'ai l'air un peu triste. — Eh bien ! dis-je, tournez la page. » Elle tourne et reconnaît sa photographie dans l'attitude de la colère ! Et en continuant à tourner successivement les pages, elle reconnaît ses photographies diverses avec autant de netteté que si elles existaient réellement dans l'attitude de la frayeur, de la gaîté, de l'extase, du dédain ; elle me décrit avec une précision parfaite chacune de ces attitudes telles qu'elle les voit, telles qu'elle les avait prises pendant son sommeil, sans se rappeler aucunement les avoir eues, ni la suggestion correspondant à chacune ; elle paraît fort étonnée quand je lui dis qu'on lui avait communiqué ces attitudes pendant son sommeil.

Note B.

L'observation suivante recueillie après l'impression de ce mémoire me semble présenter assez d'intérêt pour que je l'ajoute en note.

X... est un ancien marin, ancien employé de chemin de fer, âgé de 51 ans, affecté de rhumatisme articulaire chronique des genoux avec rétraction des membres en flexion, actuellement en voie de guérison. C'est un homme intelligent, bien équilibré, l'esprit assez cultivé, rien moins que nerveux, nullement crédule. Quand je lui proposai de l'hypnotiser, il affirma que je n'arriverais jamais; j'essayai et dans la première séance j'obtins l'occlusion des yeux; il prétendit n'avoir point dormi.

A la seconde séance, j'obtins la catalepsie suggestive; il prétendit cependant n'avoir pas dormi et avoir tenu les bras en l'air parce qu'il le voulait bien, par pure complaisance. Il me fallut le rendormir de nouveau, et le mettre au défi de modifier les attitudes diverses imprimées à ses membres pour qu'au réveil il avouât qu'il avait été influencé réellement. Quelques jours plus tard le trouvant naturellement endormi, je m'approche doucement en lui disant : « Continuez à dormir; ne vous réveillez pas; » j'applique ma main sur son front pendant deux minutes, puis je lève son bras, il reste en catalepsie suggestive; le sommeil naturel était devenu sommeil hypnotique; autrement dit, j'avais pu me mettre en relation avec lui par l'organe auditif pendant son sommeil; à son réveil il ne se rappelait pas que je lui avais parlé, ni que je l'avais touché.

Depuis lors, c'est-à-dire depuis la cinquième ou sixième séance, je le mets en sommeil profond sans souvenir au réveil; je produis sur lui à l'état de veille de la catalepsie et des mouvements automatiques; il est susceptible d'hallucinations posthypnotiques complexes; on peut lui suggérer pendant son sommeil des actes et des idées qu'il exécute ou formule à son réveil, les croyant émanés de son initiative intellectuelle. Je ne citerai que la suggestion suivante, intéressante au point de vue psychologique. L'ayant hypnotisé, je vois un manuel de chimie au chevet de son lit : « Voilà un livre de chimie, lui dis-je, quand vous serez réveillé, l'idée vous viendra d'y lire le chapitre Or : vous le chercherez à la table des matières; vous lirez ce chapitre. Alors vous me direz à moi : « De l'or ! si j'en avais, je vous « en donnerais bien, pour vous remercier de vos soins. Malheureusement, je n'en « ai guère. On ne gagne pas d'or, ni dans la marine, ni au service du chemin de « fer. » — Cette idée vous viendra en lisant. »

Au bout d'une demi-heure, l'ayant réveillé, je m'éloigne et continue à l'observer de loin. Je le vois chercher son étui, en retirer ses lunettes, les mettre, prendre le livre, feuilleter au moins cinq minutes, finir par trouver, lire; je m'approche; c'était l'article Or. « Pourquoi lisez-vous cet article », lui dis-je. — « C'est une idée », me dit-il; et il continue à lire. Après quelques minutes, il me regarde. « De l'or, dit-il, si j'en avais, je vous récompenserais bien; mais je n'en ai pas. » Il se remet à lire et après quelque temps, ajoute : « Ce n'est pas la compagnie des chemins de fer qui enrichit ses employés. » Puis il continue sa lecture, sans affectation; il eût été bien étonné d'apprendre que l'idée exprimée par lui avait été introduite par moi dans son cerveau.

TABLE DES MATIÈRES

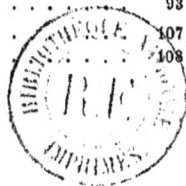

Nancy, impr. Berger-Levrault et Cie.

www.ingramcontent.com/pod-product-compliance
Lightning Source LLC
Chambersburg PA
CBHW052044270326
41931CB00012B/2625